Hanna Keyler

Eine Schwäbin in Hohenlohe

Hanna Keyler

Hanna Keyler

Eine Schwäbin in Hohenlohe

Verlag Robert Baier Crailsheim

Satz und Layout: Hansjörg Wirth
Druck und Gesamtherstellung: Druckerei Steinmeier, Nördlingen

ISBN: 3-929233-10-X

Abschied und Neubeginn

„O dees dät i net!" „Wia ka mer au!" „Du wirsch doch au älter!" „Hosch dr dees guat überlegt?" So und ähnlich lauteten die besorgten Kommentare meiner Umgebung, als ich mit meinem Entschluß herausrückte, mir ein altes Bauernhaus im Hohenlohischen zu erwerben. Zwar gab es auch Zustimmung und bewundernde Stimmen: „Du hast Mut!" Aber auf die Frage, ob ich es mir gut überlegt hätte, mußte ich ehrlicherweise mit Nein antworten.

Innerhalb von vier Wochen nach dem Lesen einer Makleranzeige, der Fahrt ins Hohenlohische, den Verhandlungen mit Makler, Verkäufer und Notar, unterschrieb ich den Kaufvertrag. Damit war ich Besitzerin eines alten, bäuerlichen Wohnhauses (ca. 180 Jahre alt) mit angebauter großer Scheune und zwei freistehenden Nebengebäuden. Dazu gehörte ein verwilderter Garten, eine Wiese, alte Obstbäume, ein großes Weidengebüsch und ein Weg. Grundfläche des Besitztums 34 Ar.

Wie kam ich dazu?
Schon etliche Jahre träumte ich von einem alten Haus, und zwei Bausparverträge waren auch angespart. Aber Zeit und Gelegenheit zum Suchen fand ich nicht. Dann rückte das Ende der Berufstätigkeit näher, ein kleines Erbe fiel mir zu, und dann blieb ich eines Tages an einer Makleranzeige in der Zeitung hängen. Der für mich verführerische Titel **Wohnen auf dem Lande**, fiel in eine Zeit der Stadtmüdigkeit, Lärm und schlechter Luft in Stuttgart. Über meinem gepachteten Garten schwebte das Damoklesschwert der Kündigung, meiner Dachwohnung fehlte ein Balkon. Als mich der Makler an einem regennassen Sonntag durch Haus und Gelände führte, überwältigte mich das Stück Natur, das sich mir darbot, und als ich mich auf dem dazugehörigen Weg umwandte, hatte ich den Eindruck, nicht nur ich schaue das Haus an, sondern auch das Haus schaue mich an. Dieser „Blick" ließ mich nicht mehr los.

Eigentlich war das Ganze ja viel zu groß für mich allein. Aber die Bedingung war „Alles oder nichts". So nahm ich alles. Mein Schulaufsatz fiel mir wieder ein: „Was ich einmal werden will". Und was schrieb die Zehnjährige? **Rittergutsbesitzerin an der Ostsee**! Nun hatte ich ein kleines Bauerngut in Hohenlohe, und damit wurde ich Bürgerin von Emmertsbühl, einem kleinen Weiler zwischen Blaufelden und Wiesenbach.

Blaufelden liegt in der Mitte zwischen Crailsheim und Bad Mergentheim an der B 290.

Und warum so weit weg? Abgesehen davon, daß ich ja sonst nirgendwo suchte, - die Preise im Raum Stuttgart hätte ich nicht zahlen können. So bekam ich mein „Rittergut“ zu einem Preis, weniger als man in Stuttgart für ein Einzelzimmer-Appartement bezahlt. Trotzdem mußte ich mich verschulden.

Wenn ich gewußt hätte, in welche Ängste und Verunsicherungen mich die Schulden, die Verhandlungen mit den Bausparkassen, der Abschied von meiner geliebten kleinen Wohnung, von meinen Freunden und Bekannten, von Stuttgart stürzen würden, - ich hätte es nicht getan. Aber ich wußte es vorher nicht und stolperte blind hinein. Von meinem vielgepriesenen Mut spürte ich nichts. Ich lebte mit meiner Fähigkeit, etwas auszuhalten und durchzuhalten. Außerdem gab es für mich kein Zurück. Der Neubeginn war auch schwer. Als ich mir den Ort, in dem ich gelandet war, genauer ansah, fand ich, daß er keine Kirche, keinen Laden, kein Gasthaus hat - aber Schweine! Also 22 Häuser, ca. 70 Einwohner und weit über 1000 Schweine. Zum Viehbestand gehören noch etliche Kühe, ein Putenstall, und von Frühjahr bis Herbst, bzw. Vorweihnachten ca. 500 Gänse. Aber es gehört auch noch v i e l Natur dazu, ringsum Felder, darüber ein weiter Himmel, in der Nähe ein paar Wäldchen. Und die Natur hatte es mir angetan. Sie wurde auch meine Trösterin in der schweren Anfangszeit. Der ganze Ort war ja fast außer sich, daß eine alleinstehende Frau aus der Stadt dieses „alde Glump“ gekauft hatte, es renovieren ließ, selber mitarbeitete, Freunde und Helfer hatte und schließlich einzog, um zu bleiben. Das gab mir natürlich von Anfang an einen Bonus, daß ich in diesem Ort nicht nur ein Ferienhaus hatte, sondern meinen Wohnsitz, also bereit war, das ländliche Leben mit ihnen zu teilen. Zwar blieb ich zunächst eine Fremde.

Ich war „die Frau aus Stuttgart“, dann mit leisem Erstaunen „di Fraa, wo sou oft in d’Kärch gäht*“, schließlich „die Frau Keyler“, die alle kannten. Wenn heute ein Auto mit anderem Kennzeichen als „SHA“ langsam durch den Ort fährt und schließlich anhält, wird sofort gefragt: „Wellê ‘S zur Fra Keyler?“

„Und jedem Anfang wohnt ein Zauber inne, der uns beschützt, und der uns hilft, zu leben“ (Hesse).

*Schreibweise des mundartlichen Hohenlohisch nach Alfred Kuppler

Haus und Hof

Gekauft hatte ich das Anwesen im Sommer 1984. Eingezogen bin ich im Frühjahr 1986. Dazwischen lag die Renovierung durch tüchtige Hohenloher Handwerker, die stolz von sich sagten: „Mir kennê aa noch flickê!“ Das war mir sehr recht, denn es gab nicht nur einiges Neue, sondern auch viel zu flicken. Mein eigener Einsatz zusammen mit Freunden und Helfern hatte auch sein Gewicht. Dazu kam die schwere Arbeit im Garten, der eigentlich erst wieder einer werden sollte. Man sah die Vierung des alten Bauerngartens noch, aber alles war überwuchert, und Ackerwinden und Schnürgras (Quecken) hatten die Oberhand bekommen. Da stand ich nun mit meiner Liebe zum Garten, die sich in manchen Seufzer und Muskelschmerzen verkehrte. Aber als der erste Frühling kam, waren die Anstrengungen fast vergessen. Es blühte der alte Birnbaum vor dem Haus und der hohe Birnbaum hinter dem Haus, es blühten verwilderte Tulpen in großen Mengen und Büsche von Pfingstrosen. Und vorher war da ein weißer Teppich von Schneeglöckchen und blauen Scilla gewesen. Das Haus wurde langsam wohnlich. Es bekam im Oberstock neue Fenster und Dachgauben, in allen Räumen (nachdem die Wände begradigt waren!) helle Tapeten, die vielfach übermalten Türen wurden abgeschliffen (schwere Arbeit!), das schöne braune Holz kam hervor, ein Bad wurde eingerichtet, eine Zentralheizung, und das Dach wurde neu gedeckt.

Jetzt habe ich ein sehr gemütliches Heim, warm im Winter, kühl im Sommer. Natürlich sorgt die Flüssig-Gas-Zentralheizung für die Wärme im Haus, aber in der großen Küche steht noch ein alter Herd, den ich im Winter täglich heize, und auf dem ich dann auch koche. Wenn ich zum Abendessen Besucher habe, so wollen sie in der Küche speisen, weil es da soo gemütlich sei mit dem knackenden Feuer im Hintergrund. Natürlich braucht eine solche Zusatzfeuerung auch einen Zusatzeinsatz: Holz im Schuppen holen, über den Hof tragen, Herd heizen, Asche leeren, Küche kehren.

Als im Herbst 1987 der Zwetschgensegen überhaupt nicht mehr aufhören wollte, fing ich an, meine zwetschgentragenden Bäume und Buschwerk zu zählen. Ich kam auf zweiundzwanzig! Es blieb mir nichts übrig, als zu pflücken und aufzulesen, was herunterfiel und mit dem vollen Faß Zwetschgen zur Brennerei zu fahren. So gab's „Emmertsbühler Zwetschgenschnaps“. Dies wiederholte sich 2 Jahre später! In der Zwischenzeit habe ich die alten Bäume reduziert. Trotzdem gibt's im Herbst immer noch eine reiche Ernte an Birnen, Äpfeln, Zwetschgen, Quitten, dazu Trauben vom Weinstock am Haus. Abnehmer finden sich auch und sei es in Form von feinem G'sälz oder Gelee.

Zum Hof gehört ja auch noch der alte Schweinestall. Da er gut erhalten war und sich der entsprechende Geruch längst verflüchtigt hatte, kam mein Bruder, ein Innenarchitekt auf die Idee, daraus einen Ausstellungsraum zu machen. Nach Hochdruckreinigung, Entsalpeterung, Weißeln, Beleuchtung anbringen und Fensterputzen, wurde im Mai 1987 die erste Ausstellung in der „**Galerie im Schweinestall**" eröffnet. Es war eine Fotoausstellung meines Bruders mit dem Thema „Hohenlohe, stille Landschaft". In der Zwischenzeit hatte ich nun schon die neunte (jetzt 20.) Ausstellung: Aquarelle, Keramik, Seidenmalerei, Webbilder, Radierungen, Fotos... Die Besucherzahl schwankt zwischen 200 und 300.

Als eines meiner Nachbarskinder einen Schulaufsatz schreiben mußte mit dem Thema „Was gibt es Besonderes in meinem Dorf", schrieb es: „Wir haben einen Brunnen und eine Galerie im Schweinestall...".

So bin ich mit Haus und Garten und Galerie und Gästen eigentlich ausreichend beschäftigt. Aber es gibt auch außerhalb von Haus und Hof noch genügend Aufgaben, anfangs die Fahrten zu Sitzungen in Denkendorf und Ludwigsburg und in mein Haus kommen regelmäßig Praktikanten zur Supervision (Praxisberatung), entweder vom Fachkurs in Denkendorf oder von der Karlshöher Aufbau-Ausbildung und seit neuestem auch von den Diakonischen Bezirksstellen im Umkreis. So ist der Terminkalender nach wie vor ein wichtiges Requisit, aber ich fühle mich trotzdem noch als „Freifrau" und kann auf eine Anfrage auch einmal Nein sagen.

Land und Leute

„Schwabe zu sein, ist Schicksal, - Hohenloher zu sein, ist Gnade“. Das erste, was ich hier lernte, war, daß ich mich jetzt nicht mehr im Schwäbischen befand. „Mir san kâ Schwâwê, mir san Hohêlohêr Frankê“. Natürlich war mir der Hohenloher-Dialekt bekannt, und ich mochte ihn, aber daß so streng getrennt wurde zwischen Schwaben und Hohenlohern, das war mir neu. Man nimmt es hier dem Napoleon heute noch übel, daß er 1806 das fränkische Hohenlohe einfach dem württembergischen Königreich zuschlug. Die Hohenloher waren nicht auf einen König erpicht. Sie hatten ihre Fürsten und ihre Schlösser, die sie liebten. Beides, die Fürsten und die Schlösser haben sie noch heute, und wenn jetzt zum elften Mal der „Hohenloher Kultursommer“ ausgeschrieben wird, so finden in Kirchen, Burgen und Schlössern über 30 Konzerte statt. Es soll niemand meinen, wir seien hier ohne Kultur oder wir seien so weit dahinten. Von hier aus fährt man „nach Stuttgart hinter“. Es kommt also immer auf die Optik des jeweiligen Standorts an. Und fast das ganze Jahr, vom frühen Frühjahr bis in den späten Herbst gibt es so viele Veranstaltungen, angefangen von den Freilichtspielen über Konzerte, Ausstellungen, Märkte, Dorffeschtle bis zum Kabarett, daß die Auswahl schwer fällt.

Ich wohne in einem schönen Land. Meine Stuttgartbesucher sind nach dem Streß der Autobahn immer wieder entzückt über die Weite und das viele Grün hierzulande. Und wenn im Mai der Raps blüht, sieht es aus, als hätte sich Sonnenschein wie ein Teppich auf die Erde gelegt. Leider hat die Flurbereinigung in meiner Gegend vor allem „ausgeräumt“, nämlich die Hecken und die Obstbäume an den Straßen. So ist meine direkte Umgebung ziemlich kahl geworden.

Riesige Felder verlocken nicht sehr zum Spazierengehen. Aber die Straßen sind noch angenehm und ohne Ampeln zu befahren, und Parknöte gibt es nicht. Wenn ich nach einem Konzert in der Umgegend unter dem Sternenhimmel heimfahre, kann ich auf 30 Kilometer die Autos, die mir begegnen, zählen. Vielleicht sind es fünf, vielleicht sechs.

Die Landwirtschaft hat es schwer. Die kleinen Bauern geben auf, die großen müssen noch größer werden, um existieren zu können. Größer werden muß der Viehbestand, die Stallungen, die Maschinen. Noch gibt es bei uns keine Agrarfabriken und die entsprechenden Skandale, aber Massentierhaltung ist kein Fremdwort. Wenn im Putenstall 4000 Puten stehen, bzw. trippeln, so ist das eine Masse. „Auf dem Lande wird 's leer". „Zuerst geht der Bäcker, dann der Metzger". Im kleinen Nachbarort Wiesenbach ist längst der Bäcker gegangen. Jetzt gibt es Brot beim Metzger. Er wird sich wohl halten.

Die Dorfromantik gibt es nur noch im Fernsehen. Von früh bis spät wird schwer und meistens gern gearbeitet. Aber auf dem Hausbänkle sitzt man nicht mehr, und nachbarschaftliche Kontakte sind selten. Wenn ich allerdings im Bauernhof die frische Milch hole oder die „glücklichen" Eier, halte ich immer einen Schwatz mit der alten Bauersfrau.

Sehr rührig sind die Landfrauenvereine. Jeder Ort, der etwas auf sich hält, hat einen solchen Verein, der sich vom Herbst bis ins Frühjahr trifft. Durch meine Nachbarin, bis dahin Bezirksvorsitzende, die mich vor einigen Jahren bei meinem Vortrag bei Landfrauen in der Ev. Akademie Bad Boll kennengelernt hatte, wurde ich sofort als Referentin weiterempfohlen. Bald konnte ich mich vor Anfragen kaum retten. So fuhr ich in meinem ersten Hohenloher Winter und in den folgenden, mehrmals des Abends über Land, kehrte in Wirtsstuben und Nebenzimmern ein und fand eine aufmerksame Frauengruppe von 20 - 50 Frauen beisammen, die aber vor allem zuhören wollten. Selber sprechen tun sie nicht so gerne. „Mêr moochs ned hoowê", „I sooch nix, nâ kou a näämêr soochê, i hädd sou odder sou gsocht". Allerdings betrifft dies mehr die mittlere und ältere Generation. Die jüngeren Frauen haben sich gewandelt.Sie sprechen mit. Bei diesen Fahrten lernte ich nicht nur Leute kennen, sondern auch das Land, indem ich, - allerdings bei Nacht-, die Geographie abfuhr und langsam mitbekam, wo welcher Ort lag, nachdem ich mich zunächst in einer mir völlig fremden Umgebung vorgefunden hatte. Aber eigentlich erfolgte mehr das Kennenlernen meiner Person. So staunte ich nicht wenig, als aus einem Festzug in Blaufelden, wo ich als Zuschauerin an der Straße stand, plötzlich ein fröhlicher Ruf ertönte: „Hallo Frau Keyler!"

Wind und Wetter

Hohenlohe wird öfters als „Schwäbisch-Sibirien“ bezeichnet, obwohl jetzt die Winter „aa nimmi deß sin“. Aber böse Zungen behaupten, der Wind vom Nordatlantik blase ungebremst bis Hohenlohe. Da muß etwas Wahres dran sein. Hier ist es ein bis zwei Kittel kälter als in der Stuttgarter Gegend, und meine Gäste ziehen vom Herbst bis Frühjahr die Jacke enger um sich, wenn sie aus dem Auto steigen. Dafür ist die Luft, wenn man sich an den bestimmten Duft gewöhnt hat, aber auch besser. In den kalten Monaten trage ich einfach zwei Pullover übereinander. So kann ich aus dem Haus über den Hof gehen zum Holztragen, oder zum Milchholen, oder an den Postkasten.

Doch es gibt auch warme Zeiten und einen richtigen Sommer. Und es regnet wenig in unserer Gegend, oft zu meinem Leidwesen, wenn Garten und Felder so austrocknen. Hier regnet ‘s nur, wenn es überall regnet. Einzelne Schauer, die wir oft gut brauchen könnten, ziehen an uns vorbei und fallen in die Täler von Jagst und Kocher und Tauber. Wenn dann alles so ausgedörrt daliegt und sogar die Büsche ihre Blätter sinken lassen, dann kann ich es gar nicht ertragen, wenn vom Regen als von „schlechtem Wetter“ gesprochen wird. Dafür sagen meine Bauern, wenn es endlich regnet: „Hait rächnts Gold“.

Ich lebe sehr gerne mit den Jahreszeiten und finde es auch schön, wenn es nach den strahlenden Sommertagen im Spätherbst trübe und regnerisch und neblig wird. Wenn die Stare, von denen sich etliche Dutzend auf den Telefondrähten an meinem Haus versammeln, mit viel Gezwitscher und Geflatter Abschied nehmen, nachdem sie vorher in Schwärmen in meine Birnbäume eingefallen waren. Dann wird es still draußen. Man hört nur das entfernte Trompeten der Gänseherden, deren letztes Stündlein näher kommt.

Die ersten Schneeflocken zu sehen, ist für mich eine kindliche Freude, und wenn sich dann die weiße Decke über den kahlgewordenen Garten breitet und auf den Dächern liegt, so hat dies seine eigene Schönheit. Im Gegensatz zur Stadt bleibt uns der Schnee länger und bleibt auch weiß. Wenn viel Schnee liegt, höre ich mit Schneeschippen auf und mache mir nur noch einen Trampelpfad über den Vorplatz zur Straße. Die Straße ist natürlich frei. Der Autoverkehr läuft, und ich bin nicht „von der Welt abgeschnitten“, wie manche Freunde befürchten.

Am schwersten fällt mir das Warten auf den Frühling. Und nachdem er bei uns zwei bis drei Wochen später einsetzt als in der Stuttgarter Gegend, bin ich vom Warten manchmal ganz erschöpft. Immerhin sind es nach den winterlichen Tagen noch mindestens 8 Wochen, bis man auch bei uns sagen kann: „Nun ist er endlich kommen doch im grünen Knospenschuh! Er kam, er kam ja immer noch, die Bäume nicken sich 's zu."
(Theodor Fontane)

Sitten und Gebräuche

Ja, so etwas gibt es tatsächlich noch im Hohenlohischen.

Ich staunte nicht schlecht, als im Frühjahr vor der Konfirmation die einzige Konfirmandin von Emmertsbühl vor meiner Haustüre stand und mir „**Konfirmanden-Brot**" brachte. So nennt sich das große Stück Hefenkranz, Rührkuchen und Marmorkuchen, das in der Papiertragetasche war, die mir überreicht wurde. Und so geht das von Haus zu Haus. Im nächsten Jahr war ich drauf gefaßt und hatte rechtzeitig an ein Geschenk gedacht. Von mir bekommen die Konfirmanden, - meist ist es nur eine oder einer-, ein Buch.

„Machê S aa miid bom **Vorfohrê**?" „Ja, was isch denn dees ?" „Ha, Vorfohrê!" Ich lernte es noch. Wenn ein Mann aus unserem Ort heiratet und die Braut von auswärts ist, so wird sie an ihrem Ort von sämtlichen Autobesitzern unseres Ortes, samt weiteren Teilorten, abgeholt. Alle fahren sie bei ihr „vor", sie steigt ins geschmückte Auto zum Bräutigam, und dann geht's mit ohrenbetäubendem Hupen in den Ortsdurchfahrten wieder zurück.

Zweimal war ich jetzt mit dabei. Einmal ging es 35 Kilometer über Land. Ich war die einzige Frau am Steuer inmitten von etwa 25 autofahrenden Männern. Alle „Vorfahrer" kriegen dann ein Vesper in einer Wirtschaft. Auch da war ich die einzige Frau. Und als dann noch der Fußballverein dazukam, saß ich bei Bier und Bratwurst zwischen ca. 60 Männern.

Einen **Polterabend**, bei dem viel Geschirr zerschmettert wird, gibt es auch. Man bringt sein altes Geschirr oder Blumentopf oder Dachziegel mit und schmeißt es mit Gewalt in den Hof, wo sich das Brautpaar mit Besen bemüht, den Scherbenhaufen abzutragen. Ein Container steht bereit, damit das Abgeräumte sicher verstaut und nicht von listigen Besuchern wieder im Hof verstreut wird. Nun ist es ja fast ein Wunder, wenn ein Landwirt eine Frau findet, die bereit ist, sein arbeitsreiches Leben mit ihm zu teilen. Manchmal gibt es ein solches Wunder. Aber hier und dort lebt ein unfreiwilliger Junggeselle, der die Vierzig überschritten und die Hoffnung aufgegeben hat, noch eine Frau zu finden.

Am Abend des 30. April wird der **Maibaum** aufgestellt. Daran sind die jüngeren Männer des Orts beteiligt und natürlich die Kinder. Letztere dürfen bunte Papierbänder in den Wipfel der Fichte oder Birke knüp-

fen. Dann kommt mit Getöse der Frontlader angefahren, und mit viel Hau-Ruck und Geschrei „gä wegg du Daggl", wird der etwa 12 Meter hohe Stamm aufgestellt. Nun kommt die entscheidende Phase. Die Beteiligten setzen sich zusammen in einer Garage mit Blick auf den Maibaum, um ihn zu bewachen. Es gehört zu den Gebräuchen, den Maibaum des Nachbarorts zu „stehlen", d.h. abzusägen. So wird oft bis morgens 5 Uhr gewacht bei Gulaschsuppe, Brot und Bier, bis die Wächter endlich heimpilgern. Im Nachbarort passierte es den Maibaum- Aufstellern, daß sie das dafür vorgesehene tiefe Loch zum größten Teil mit Zement angefüllt vorfanden, sodaß der Baum überhaupt nicht aufgestellt werden konnte. Natürlich gilt dieser Schabernack nur für die Nacht zum 1.Mai. Danach ist er sicher.

Pünktlichkeit gehört im Hohenlohischen zur guten Sitte. Bei einem Vortrag, den ich beim großen Bezirkstreffen der Landfrauen halten sollte, war der Beginn des Treffens auf 13.30 Uhr festgelegt. Um 13.00 Uhr war die Halle mit 500 Landfrauen bereits voll besetzt. Das gilt für alle Veranstaltungen. Man kommt pünktlich zur Kirch, man kommt pünktlich zum Bsuêch.

Etwas, was sich eine Hohenloherin vom alten Schlag nicht nehmen läßt, ist das „**Eiwi Machê**". Wenn jemand etwas geschenkt bekommt oder eine freiwillige Dienstleistung erbracht wurde, so haben sich beim Geber Verdienste angehäuft, die der/die EmpfängerIn durch eine Gegengabe wieder einebnet, halt „eiwi" macht. So bin ich schon öfters überraschenderweise zu einer Schachtel Eier gekommen. Umgekehrt wollte ich mich für einige Fuhren Erdaushub, die ich bekam, mit 2 Flaschen Wein und zehn Mark erkenntlich zeigen (eiwi mache). Ich kehrte mit einer Flasche Wein, 10 Eiern und meinen zehn Mark wieder zurück, weil der Nachbar froh gewesen sei, nur zu mir und nicht zur Erddeponie fahren zu müssen. So isch no au wieder.

Der größte Markt in weitem Umkreis ist „**d Muswies**". Dies ist ein Krämermarkt von beachtlichen Ausmaßen. Über 300 Marktstände dehnen sich im Oktober auf den gemähten Wiesen des Nachbarorts **Musdorf** aus. Es gibt alles zu kaufen, von der Tulpenzwiebel über Unterwäsche und Blusen bis zum Traktor. Der Gruß in den 5 Tagen der Marktdauer heißt regelmäßig: „Wârê S aa scho uff dr Muswies?" Früher war **ein** Markttag den Ledigen vorbehalten, sodaß gleichzeitig noch ein Anflug von Heiratsmarkt entstand. Heute wuselt alles durcheinander, niemand hält sich mehr an die alten Regeln, aber es bleibt feste Sitte, uff d Muswies zu gehen.

Die Advents- und Weihnachtszeit bringt noch eine weitere Sitte. Am ersten Donnerstag des Dezember ziehen in den Dörfern die **„Ouglopfêrlich“** von Haus zu Haus. Kleine und größere Kinder hängen sich ein Säckchen um den Hals oder tragen einen Henkelkorb und klopfen in den Abendstunden mit ihrem Ouglopfêr-Versle an die Türen: „Ouglopfê Hemmêrle, s Broad lait im Kemmêrle, s Messer lait dâneewê, solsch mer ebbês geewê! Epfl raus, Biirê raus, sunsch gäh mer in â anders Haus“

Natürlich gibt's dann nicht nur „Epfl“ oder „Biirê“, sondern auch Schoko, Gutsle - hierzulande Zuggêrdoggêlich genannt - oder (sehr willkommen!) Geld.

In Wiesenbach gibt es noch eine besondere Sitte. Punkt 15.oo Uhr am Hl. Abend geht am Kirchendach ein Dachfenster auf, und heraus schaut ein tief verschleiertes „Christkindle“ und wirft Hände voll Bonbons zur wartenden Kinderschar hinunter. In fünf Minuten ist der ganze Himmelszauber vorbei, aber auf dem irdischen Boden gibt's noch manches Geschrei, bis das letzte Bonbon gegrapscht ist. Manchmal gibt es auch Tränen, wenn ein Kind leer ausgegangen ist. Das Ganze ist keine reine Freude, weder für die Mütter, die von den Vorbereitungen für den Abend wegmüssen, um die Kleinsten zu begleiten, noch für den Gemeindepfarrer, der lieber eine frühe gottesdienstliche Feier abhalten möchte. Aber zwei Mal geht man an diesem Nachmittag nicht aus dem Haus.

Hund und Katz

Einen Hund habe ich nicht, obwohl sich meine Nachbarn oft wundern, daß ich ohne Wachhund in meinem Haus allein lebe. Dafür hat mein Nachbar einen Hund, für den ich mich schon sehr eingesetzt habe. In der bäuerlichen Umwelt ist das Tier weitgehend eine Sache. Die Katzen sind zum Mausen da und bleiben draußen, und der Hund ist zum Bellen da, wenn jemand auf den Hof kommt, und er ist meist im Zwinger. Der Schäferhund des Nachbarn war ausschließlich im Zwinger. Es gab immer wieder einen Grund, ihn nicht herauszulassen, - er werde Katzen oder Tauben im Hof jagen oder sogar in die Gänseweide einbrechen. Zum Spazierengehen mit dem Hund hatte niemand Zeit. Ich bot mich an und ging also ab und zu mit Hund und Leine los. Aber der Gute riß mir fast den Arm aus, um seinem Bewegungsdrang Luft zu machen. So wurde ich so lange zur Bittstellerin für den Hund, bis er nun täglich einmal heraus und sich frei im Gelände austoben darf. Erfolg: Ich gehe nachher durch meinen Garten und sammle die geknickten Blumen ein. Was weiß ein Hund schon vom Unterschied zwischen der Wiese und dem offenen Garten. Wenn er dann über die Miste gesprungen und durch Pfützen gerast ist, dann will er voll Freude an mir hochspringen. Und dann kann ich mich anschließend umziehen.

Aber natürlich habe ich eine Katze. Als ich noch beim Planen und Phantasieren war, sagte ich, ich hätte am liebsten fünf Hühner und einen Hahn, drei Schafe, einen Hund und zwei Katzen. Davon bin ich sofort abgekommen. Schon eine Katze will versorgt sein und bindet einen ans Haus, sodaß beim Verreisen, und sei es für zwei Tage, sofort die Frage auftaucht: Und wer sorgt für mei Kätzle?

Als ich kam, kam auch gleich Nachbars Katze neugierig über den Hof gelaufen und ließ sich füttern. Sie bekam von mir auch gleich einen Namen. Vorher hatte sie keinen. Ich nannte sie „Fleckle“ wegen ihres schönen weißen Brustlätzchens. Fleckle bekam Junge, und eins davon gewöhnte ich an mich und nannte es Miju. Aber auch Miju ging noch hin und her zwischen Nachbars und mir. Erst ihr Sohn „Ricki“, den sie im Maul zu mir schleppte, war dann meine Hauskatze. Aber Ricki, der Kater, verschwand eines Tages, und es verschwanden seine Nachfolger Schnurri und Schilli, sodaß es viel Kummer gab um ein Wesen, an das ich mich gewöhnt und es liebgewonnen hatte.

Eine Zeitlang war ich ohne Katze. Es wird dann sehr still im Haus. Dann fand ich bei einer Fahrt über Land ein ausgesetztes, halbverhungertes Kätzchen, das ich einfing und mitnahm, weil ich es nicht übers Herz brachte, das kleine Wesen umkommen zu lassen. Aber nun hatte ich einen Pflegling. Sascha, schwarz mit weißem Lätzchen und weißen Pfötchen, war krank. Und ich wollte in einer Woche verreisen. Der Tierarzt meinte: „Den kann man durchbringen". Also gab's Spritzen und Tabletten, ich suchte und fand eine Pflegestelle, und als ich nach einer Woche wiederkam, war Sascha überm Berg und entwickelte sich. Öfters mußte ich im Haus nach meinen jungen Katzen suchen. Dann fiel mir ein altes schwäbisches Versle ein, das die Tante Anna einstens mit uns Kindern gesungen hatte:

„D' Bäure hot d' Katz verlore,
woeß net, wo se isch.
Se suecht älle Wenkele aus:
Mulle wo bisch?"

Sascha, mein schwarz-weißer Kater mußte unters Messer. Ich ließ ihn kastrieren, damit ich ihn nicht auch wieder verlor wie die andern Kater, die, während sich ihre Männlichkeit ausbildet, zu streunen anfangen, oft weit fortlaufen und dann nicht mehr zurückkommen. Außerdem hat es in der Nachbarschaft mehr als ein halbes Dutzend Katzen, da brauchte es nicht noch mehr Nachkommenschaft zu geben. So bleibt Sascha standorttreu, ist aber sehr drauf aus, daß ich anwesend bin. Es gibt zwar noch andere Gründe, warum ich keine großen Reisen mache, aber e i n wichtiger Grund ist auch Sascha. Nur wer selbst eine Katze hat, weiß, wie sehr der Satz gilt: „Man ist verantwortlich für das, was man sich vertraut gemacht hat". (Exupéry)

Manchmal schläft Sascha nachts auf meinem Bett, sofern es ihn nicht gelüstet, im Mondschein spazieren zu gehen. Sobald ich mich am Morgen dann rege, - am liebsten ist es ihm so gegen 7.00 Uhr - , regt er sich auch und mauzt um sein Frühstück. Neulich wurde ich mitten in der Nacht an einem Gepolter wach, stand auf und machte Licht im Haus. Da sah ich Sascha, wie er gerade der zweiten Maus nachraste. Die andere lag angebissen (und tot) vor der Wohnzimmertür.

Manchmal finde ich auch eine halbe oder eine ganze tote Maus vor der Haustür. Man gewöhnt sich.

Gras und Kräuter

... und natürlich Blumen und Sträucher und Salat und Tomaten und Zwiebel, nicht zu vergessen die Kartoffeln, - das ist mein Garten.

Er ist groß. Neben den Gemüsebeeten ist das Kartoffelland, die Johannisbeersträucher, die Himbeeranlage, das Frühbeet. Am Haus wächst ein Weinstock, ein richtiger Semsakrebsler. Und natürlich die Wiese!

Sie hat es mir besonders im Frühjahr angetan, wenn der Löwenzahn blüht. Da leuchten alle die kleinen Sonnen im Gras. Gemäht wird erst, wenn sie am Verblühen sind. Zum Glück muß ich die Wiese nicht selbst mähen. Der Nachbar kann das Gras brauchen und holt mit der brummenden Motorsense den täglichen Futteranteil für Schweine, Hasen, Ziegen.

Ich mähe Rasen am Haus, zwischen den Sträuchern, die Wege entlang der Wiese. Es gibt noch genügend Gras, dem Einhalt geboten werden muß, damit der Garten nicht zuwächst. Und jedes Jahr verzweifle ich mindestens e i n mal an der Grasfülle. Dabei ist es bei näherem Hinsehen ein Wunder, was da alles so wächst. Diese Vielfalt und Schönheit, diese Unverwüstlichkeit!

Hacken, graben, jäten, pflanzen, verpflanzen, ernten, verwerten, das gehört zur Gartenarbeit. Im Sommer sind meine Hände von Brennesseln zerstochen, verschrammt und rauh und erinnern mich an die Hände meiner Mutter und meiner Großmutter. Ich habe keinen Mustergarten. Brennesseln haben auch ihren Platz. Sie sind gut als Tee, im Frühjahr als Spinat, sie beleben den Boden und sind Ei-Ablagestelle für Schmetterlinge. Außerdem sind sie schön.

Es geht nichts über eine eigene Tomate von den eigenen Stöcken, über ein Kraut im Topf, das vor einer Stunde noch im Garten stand und über den ersten frischen Salat aus dem Frühbeet. Aber natürlich macht es Arbeit und manchmal Kreuzschmerzen, und seit ich in beiden Handgelenken zeitweise arthritische Schmerzen habe, ist das Schaffen öfters erschwert.

Die arbeitsreichste Zeit ist der Herbst. Da gilt es zu ernten, Stecklinge zu ziehen, Samen zu sammeln, Beerensträucher zu beschneiden, neue Tulpen- und Narzissenzwiebeln zu pflanzen, Blumentröge abzuräumen, Pflanzen für das Überwintern vorzubereiten, Mist zu breiten und das

Kartoffelfeld umzugraben, -- es will kein Ende nehmen. Wenn dann an einem Samstag Freunde und Helfer anreisen, so ist das eine große Erleichterung. Und schließlich ist es doch geschafft. Die Tage werden kürzer, die Abende länger, und eines Tages sehe ich vom Fenster aus auf meinen Garten, wie er zur Ruhe gebracht ist. Ich weiß um die Schätze, die in ihm schlummern und um die Verheißung für das nächste Frühjahr.

Arbeit und Spiel

Bis jetzt überwiegt in meinem Leben auf dem Land die Arbeit. Das „Spiel", was es auch immer sei, kommt noch zu kurz. Da aber auf dem Land der menschliche Wert weitgehend an der Arbeit gemessen wird, stehe ich nicht schlecht da.

In meinem damaligen Schulaufsatz von der Rittergutsbesitzerin hieß ein Satz: „Ich würde dann morgens auf die Felder reiten und Knechten und Mägden meinen Gruß entbieten ..." Haha! Weit gefehlt! Ich bin mein eigener Knecht und meine eigene Magd. Und manchmal war mir die Knechtsarbeit zu schwer.

In der ersten Zeit meines Hierseins stand mit Bauschutt räumen, Erde und Steine transportieren, entrümpeln, Garten anlegen, eine große Buschpflanzung bearbeiten, eine solche Fülle von teilweise schwerer Arbeit an, daß mir der alte Spruch der Auswanderer und Pioniere in den Sinn kam, der davon spricht, was das neue Leben in der Fremde den Generationen bringt:

„... den ersten den Tod,
den zweiten die Not,
den dritten das Brot ..."

„Gell, jetzt bisch beim Brot", sagte eine Freundin zu mir. So ist es, - im fünften Jahr. Aber die ersten Jahre waren hart. Und ich durfte nicht über Lasten klagen, denn die schwarze Pädagogik entgegnete sofort: „So hosch wella!" (schwäbisch) Sooo hatte ich es nicht wella, aber jetzt hatte ich es so. Oft kam ich mir vor wie Aschenputtel, wenn ich mit verdreckten Schuhen und Arbeitshosen kreuzlahm am Abend meinem Haus zuschlich. Und der Gedanke: Für wen tust du es eigentlich? stieg öfters in mir auf. Aber wenn dann wieder etwas geschafft war, wenn der Vorplatz frei und sauber war, das Baumholz geräumt, die Heckenpflanzung geharkt, die Beete gejätet und bepflanzt waren, dann war es auch wie ein Aufatmen und eine innere Befriedigung.

Was ich liebe, ist die Bewegung, und immer sind diese Arbeiten mit Bewegung verbunden und deshalb trotz der Mühe letztendlich wohltuend. So viele Jahre war ich an den Schreibtisch, den Beratungssessel, das Auto gebunden. Jetzt stehe ich nach einer Beratungsstunde auf und gehe in den Garten, lüfte meinen Kopf und höre auf die Geräusche der

Natur. Im Nachbarstall quieken und grunzen die Schweine, hinterm Stall kräht ein Hahn, im Frühling ist die Luft voller Vogelsang. Körperliche Arbeit ist auf dem Land ja nichts Besonderes. Als ich einmal einer alten Nachbarin gegenüber seufzte, ich müsse 22 Fenster putzen, sagte sie ganz empört: „Also deß werrês aa no machê kennê!" Sie selbst gönnt sich mit 84 Jahren nicht mal eine Mittagspause, in der sie sich hinlegen könnte. „Nââ, sunsch schlâf i ei, un nâ is dr Nachmiddooch rum".

Des werrês aa no machê kennê, so dachte wohl auch der alte Nachbar, der sich nicht mehr gut bücken kann, als er mich fragte, ob ich ihm seine Roten Rüben raustun und auch gleich einmachen würde. Nun war das nicht einfach ein Beet, wie bei mir, sondern ein rechtes Gartenstück, in dem mehr als ein halber Zentner Rote Rüben steckten.

Aber ich machte mich ans Werk, grub aus, lud die roten Knollen auf meinen Schubkarren und fuhr sie zu meinem Haus, wusch sie, kochte sie in Portionen im großen Topf auf dem Herdfeuer, rädelte und würzte sie, füllte sie heiß in große Gläser und trug sie wieder zum Nachbar. Mein Lohn war, daß ich mir von der Fülle meinen eigenen Wintervorrat abzweigen durfte. So war für beide gesorgt.

Sehr froh bin ich immer wieder, wenn sich von außerhalb aus dem Freundeskreis oder aus meiner Familie „Knechte und Mägde" einstellen und in Haus, Hof und Garten tüchtig zupacken. Ich „entbiete" ihnen dann auch nicht nur meinen Gruß, sondern koche eine kräftige Mahlzeit, die wir uns in der gemütlichen Küche gut schmecken lassen.

„Spiel" hole ich mir von einem Buch, auch vom Fernsehprogramm, vom Radio, vom neuen CD-Player, auch ab und zu von einem Volkshochschulkurs, wobei wöchentliches Yoga mehr „Sport" ist. Selten gibt es auch mal ein Tanzseminar in unserer Gegend, oder ein Kabarett, aber natürlich reichlich schöne Konzerte.
Und wenn es ein Teestündchen gibt mit einem Besuch, im Garten sitzend oder im warmen Haus, dann fällt das gewiß nicht unter Arbeit. Spinnrad und Webrahmen warten noch in der Ecke auf Zeit oder Lust ihrer Besitzerin. Vorläufig ist das Wochenprogramm gut durchsetzt von Supervisionsaufgaben (Praxisberatung) und nicht zuletzt von Vorbereitung und Durchführung der jeweiligen Ausstellung in meiner **Galerie im Schweinestall.**

Wohl und Wehe

„Im Freien sein von morgens bis abends, hinaustreten wann immer mir der Sinn danach steht und das Wetter es erlaubt, - das ist der Zauber, der es mir angetan hat. Ich muß nicht wegfahren, um dort hinzukommen, wo ich sein will. Ich muß nur eine Tür aufmachen und bin schon da". (Vilma Sturm aus „ALTE TAGE")

Ich muß eigentlich auch nicht wegfahren, lebe ich doch in einem Urlaubsland: Schwäbisch Hall, Langenburg, Rothenburg, Dinkelsbühl, Weikersheim, Stuppach, Bad Mergentheim, Würzburg, Nürnberg, - lauter Urlaubsziele in erreichbarer Nähe, eingebettet in liebliche Landschaft, schöne Täler, weite Felder, bewaldete Kuppen. Es tut den Augen gut, und es tut der Seele wohl. Es ist mir **wohl** dabei, daß ich weitgehend ökologisch leben kann. Mein „Müll" ist klein beisammen, einmal in 2 Wochen ein Tragbeutel voll in Nachbars Mülltonne. Alle Küchenabfälle kann ich kompostieren, Brennbares verbrennen und die Asche ebenfalls zum Kompost tun. Und natürlich sammle ich Altpapier und Blechdosen (leider! Katzenfutter) wie andere Leute auch. Riesenladungen von Baumschnitt bilden einen großen Reisighaufen am Gartenende, der langsam zusammenhockt, und auf den jedes Jahr eine neue Ladung draufkommt. Er darf dort stehen bleiben und bildet Unterschlupf für Vögel und vielleicht auch mal für einen Igel. Der Gartenboden wird mit Geißenmist vom Nachbar gedüngt, die leeren Beete werden im Herbst mit Gründüngung eingesät.

Ich gehe sorgsam mit dem Wasser um. Im Klo gibt's eine „Bremsmöglichkeit", in den trockenen Sommermonaten trage ich das Salatwasser in den Garten. Es ist halt etwas mühsam ... Strom sparen kann ich auch. Meine Speisekammer ist so kalt, daß ich von Oktober bis März/April den Kühlschrank abschalten kann und die Speisekammer an seine Stelle tritt. Es ist halt auch etwas mühsam, weil ich dann kein Gefrierfach mehr habe und über den Hof muß zur Gefriertruhe, die im Nebengebäude steht. Dort hat es dann Brot, Butter, Gemüse, Fleisch, Beeren. Wenn ich abends zu spät merke, daß mir für den nächsten Tag etwas fehlt, nun ja, dann muß ich mich eben zu einem kleinen Nachtspaziergang entschließen.

Zum **Wehe** in unserem Land gehören die Tiefflieger. Wenn ein solcher angeheult kommt und mit ohrenbetäubendem Lärm über uns hinwegrast, dann lasse ich, wenn ich im Freien bin, alles fallen, was ich in der Hand habe und halte mir die Ohren zu.

Da wir zum Tiefflug-Übungsgebiet erkoren sind, scheinen alle Proteste ins Leere zu gehen. An manchen Tagen haben wir mehr als zwanzig Überflüge, manchmal dreimal hintereinander. Da weiß man nicht mehr, wo einem der Kopf steht. Die ganze Luft ist von Lärm und Getöse erfüllt. Die Vögel schwirren auf, die Katzen sausen ins Gebüsch, die Hunde heulen, in den Schulklassen werden die Kinder noch unruhiger, Babies schrecken auf und weinen. Es gab viel Proteste Einzelner und von Gruppierungen. Ich schrieb als geplagte Bürgerin auch einen energischen Beschwerdebrief ans Verteidigungsministerium. Vor Jahresfrist schien die Zahl der Tiefflüge etwas nachzulassen, auch kamen die Flugzeuge nicht mehr so tief herunter. Dann brach der Golfkrieg aus, und dann flogen sie wieder. „Terror wie alle Jahre zuvor“ stand in der Zeitung. Es ist wie Angriffskrieg. Die Freude auf sonnige Tage wird nicht durch aufziehende Wolken, sondern durch Flugzeuglärm getrübt. Zum Glück machen die Piloten zeitig Feierabend und seit etlicher Zeit haben die Übungsflüge nun doch nachgelassen.

Es gibt aber auch noch andere „Tiefflieger“, das sind die „Muggê“ (Fliegen). Und davon gibt es im Sommer wirklich eine Invasion. Ich habe wieder gelernt, mit Fliegenfänger und Muggêbatscher umzugehen. Der große Rest der Muggê muß ausgehalten werden. Das verleidet einem manches Essen im Freien. Mit einer Hand führt man Gabel oder Löffel, mit der anderen wedelt man die zudringlichen Viecher weg. Aber sie sind ja vor allem auch im Haus, und da sind sie muggêfrech. An den Fenstern hinterlassen sie unzählige Tüpfelchen, wo doch Fensterputzen gewiß nicht zu meinen Lieblingsbeschäftigungen gehört. Wenn ein Tiefdruckgebiet anrückt, ist es besonders schlimm. Ein Gast sagte: „Dees halt' i net aus“. Man kann 's aushalten, aber angenehm ist es nicht. Wenn ich mich mit Fliegengittern verbarrikadieren würde und die Haustüre ständig geschlossen hielte, wäre die Fliegenplage etwas geringer. In vielen Bauernhäusern wird es so gemacht. Aber bei mir stehen im Sommer Fenster und Türen offen, und ich genieße den freien Blick in den Garten.
„Das Offene tut mir wohl. Deshalb stehen im Sommer alle Türen offen, die Luft streicht von einem Zimmer ins andere und gibt mir das Gefühl, mit dem Universum verbunden zu sein“.
(Vilma Sturm, aus „ALTE TAGE“)

Zum **Wehe** gehört auch, daß es an manchen Tagen in meinem Ort wirklich stinkt. Da kommt dann eine entsprechende Wetterlage, eine Windrichtung und ein momentaner Ausstoß aus einer Gülle-Anlage zusammen. Die Massentierhaltung beschert den Landwirten eine Unmenge von Fäkalien, die irgendwo bleiben müssen. Was wissen schon die Städter davon, wenn sie ihren Schweinehals grillen oder sich ein Göckele oder ein Putenschnitzel schmecken lassen? Was sich mir oft schwer auf die Seele legt, nachdem ich es aus nächster Nähe erlebe, ist das Leiden der Tiere. Ich habe nur e i n mal in einen Putenstall mit 4000 Puten hineingesehen und in einen Dunkelstall mit 600 Schweinen. Es hat mir gereicht. Ergo: Wir essen zu viel Fleisch. Wir sollten davon weniger essen, es aber teurer bezahlen! Denn, was sagte mir ein Landwirt? „Unter tausend Mastschweinen lohnt es sich nicht. Die Gewinnspanne ist zu gering“.

Zum **Wehe**, aber das kann jeder Katzenbesitzerin zustoßen, gehört, daß mein geliebter Kater Sascha von einem Auto überfahren wurde. Ich habe ihn im Garten begraben und sehr geweint. Ein kleiner Freund und liebevoller Hausgenosse war nicht mehr da.

Himmel und Erde

Mein „Rittergut“ ist nicht der Himmel auf Erden. Es geht sehr irdisch zu in Emmertsbühl. Aber darüber wölbt sich ein weiter Himmel. Der Blick kann ungehindert umher schweifen und sich an Wolkenspielen und Himmelsbläue erfreuen. Und weil bei uns die Nächte dunkel sind, gibt es immer wieder einen strahlenden Sternenhimmel, der höchstens vom Vollmond und nicht vom Neonlicht überstrahlt wird. Die Nächte sind still. Die Tage können sehr laut sein. Das Erlebnis, daß der andere „Himmel“ die Erde berührt, ist selten. Sonntage, die eigentlich dazu geschaffen wären, sind oft die einsamsten Tage. Da geht es mir wie vielen Alleinlebenden. Nach dem Gottesdienst in Wiesenbach nickt man/frau sich freundlich zu, wünscht einen schönen Sonntag, und dann geht man auseinander, heim in seine Burg. Die Nachmittage sind oft totenstill. Nichts regt sich. Manchmal stelle ich mir vor, wie es wäre, wenn wir Christen den Sonntag so feiern würden, wie die Juden ihren Sabbat: Zusammenkommen, miteinander schwätzen, miteinander essen, feiern und einen Spaziergang machen, der etwas größer sein dürfte als ein Sabbatweg.

Natürlich habe ich mich von Anfang an bemüht, Kontakte aufzunehmen. Zu einer Lehrersfamilie mit drei Buben in Wiesenbach kann ich jederzeit kommen, zu einem Teele oder zum Vespern, und sprechen können wir auch miteinander. Mit einer verwitweten Frau im Nachbarort Niederweiler bin ich befreundet, und wir können einander anrufen und fragen: „Was machst Du am Sonntag?“ Auch in Blaufelden kann ich anklopfen. Schön ist es vor allem, wenn wir miteinander zu einem festlichen Anlaß fahren. Und wenn ich am Sonntag überraschenderweise Besuch bekomme, freut mich das sehr. So sind die Zeiten der großen Einsamkeit und die Gefühle der Heimatlosigkeit, die mich am Anfang oft überfallen haben, gemildert. Sie sind punktuell da und mahnen mich auch „... die Tage zu zählen, damit wir empfangen ein weises Herz“. Die Erde ist ja auch das Stück Land, das wir eines Tages verlassen werden.

Wo sich „Himmel und Erde“ immer wieder in ernster Weise berühren sind die Beerdigungen. Seit bald sechs Jahren singe ich im Frauenchor, der manchmal auch im Gottesdienst mitwirkt, aber mehr zur Gestaltung der Begräbnisfeier beiträgt. Da relativ selten jemand stirbt in unserer kleinen Gemeinde und es bisher auch vor allem alte und müde Leute waren, mußte ich bis jetzt kaum weinen. Der Frauenchor ist der regelmäßige Dienst, den ich für die Gemeinde tue.

Als ich hierher zog, wußte ich, daß ich auch gut und gerne allein sein kann. Und so ist es. „Nichts kann ohne Einsamkeit vollendet werden" (Picasso) In meinem Kopf ist es noch laut und umtriebig genug. Im Alleinsein habe ich Zeit zum Nach-Denken. Und viele Erlebnisse und Begegnungen, vor allem aus der Denkendorfer Zeit, steigen vor mir auf, manchmal sogar im Traum. Manchmal bin ich auch bekümmert über etwas, was ich gerne anders, besser, gemacht hätte, was mir einstens mißraten ist. Aber der damalige Seufzer 'Ich arbeite zuviel und verarbeite zu wenig', gilt nicht mehr. Ich bin schon lange im Blick auf mein berufliches und persönliches Leben am Ver-Arbeiten und bin dankbar, daß ich dazu die Mittel und Möglichkeiten bekommen habe und jetzt auch die Zeit.

Immer wieder begleiten mich die Verse des schönen „Reiselieds" von Eichendorff:

So ruhig geh ich meinen Pfad,
So still ist mir zumut;
Es dünkt mich jeder Weg gerad
Und jedes Wetter gut.

Wohin mein Weg mich führen mag,
Der Himmel ist mein Dach,
Die Sonne kommt mir jeden Tag,
Die Sterne halten Wach'.

Und komm ich spät und komm ich früh
Ans Ziel, das mir gestellt:
Verlieren kann ich mich doch nie,
O Gott, aus Deiner Welt!

„Des gibt â lange Sach“

Und so fing für mich das Jahr 1997 in Emmertsbühl an:

Zunächst fuhr ich wohlgemut am 23. Dezember in Richtung Waiblingen, um dort Weihnachten und Silvester zu feiern. Mein Haus in Emmertsbühl hatte ich gut verwahrt, die Heizung auf Nachtschaltung eingestellt, in jedem Raum einen Heizkörper laufen, alle Türen offen sodaß die Luft zirkulieren konnte und es überall mindestens lauwarm war.

Als ich zum Bahnhof nach Blaufelden fuhr, fing es dicht an zu schneien. Ich fuhr mit dem Nachmittagszug und ließ Haus, Hof und Katzen hinter mir, - letztere mit einigem Kummer. Und dann wurde es, wie überall, auch in Waiblingen eisig kalt. Nach Weihnachten telefonierte ich mit meinem Nachbar, er möge doch bitte in meinem Haus nachsehen, ob alles in Ordnung sei und im Keller den „Frostwächter"anstellen. Er war gerne dazu bereit, eine Nachricht kam nicht.

Am Donnerstag, 2.Januar, fuhr ich mit einem frühen Nachmittagszug zurück. Ich wollte noch bei Tag ankommen, um mein Auto aus dem Schnee auszugraben. Die Fahrt war wunderbar durch die weite verschneite Landschaft. Das Auto ließ sich leicht abkehren, und der Motor lief sofort an. So fuhr ich erwartungsvoll nach Emmertsbühl und freute mich auf meine Katzen und auf meine diversen großen Clivien, die schöne Blütenstände angesetzt hatten.

Als ich die Haustür aufschloß, hatte ich zwar bereits zwei Katzen um die Beine, aber im Haus schlug mir eine Eiseskälte entgegen. Erschrocken ging ich in die Küche. Dort leuchtete mir das Warnlicht an der Therme entgegen, - sie selbst stand still. Als ich an dem Wasserhahn drehte kam nichts...

Ich telefonierte sofort meinem Installateur in Reubach, konnte aber nur auf den Anrufbeantworter sprechen. Das Auto ließ ich im Hof stehen, holte Holz im Schuppen und heizte drei Feuerstellen. Noch wußte ich nicht, wie groß der Schaden war. Das Feuer in Herd und Öfen versuchte, gegen die Kälte anzukommen, aber mit geringem Erfolg.

Da läutete es an der Haustüre. Der Junior meines Installateurs stand da und sagte er habe meine Nachricht abgehört. Als er sich umgeschaut hatte, sagte er düster: “Des gibt â lange Sach!” Wie lange, das wußten wir beide noch nicht.

Es gelang ihm, noch am Abend einen zweiten Monteur herbeizubekommen. Überall seien Frostschäden, sie seien pausenlos im Einsatz. Die beiden Männer verschafften sich ein Bild von der Lage: Alle Wasserhähne (6) eingefroren, alle Heizkörper (16) eingefroren, der große Heizkörper im Treppenhaus zerrissen. An der Bruchstelle hing ein meterlanger Eiszapfen. Die Therme in der Küche, als die Ummantelung weg war, total verrußt. Zwar sprang sie an, aber die Flammen schlugen nach allen Seiten heraus, und der Monteur sagte: „Wemmr diê oulassê, nô stät morchê friê des Haus nimmi“. Also ausschalten.

Ich war beschäftigt, den Monteuren die Wege freizuräumen, hielt die Öfen in Gang, trug Holz und Briketts und kochte Kaffee für die Männer. Mein zweiter Blick galt meinen Zimmerpflanzen. Sie waren alle erfroren und hingen traurig in ihren Töpfen, zwei wunderschöne Alpenveilchen, die beiden Weihnachtskaktusse, meine Grünlilie, beide großen Clivien, deren orangerote Blütenknospen schlaff nach unten hingen. Ein trauriger Anblick.

Dazwischen wollten die Katzen fressen. Püppchen versuchte, ihren Platz auf dem Heizkörper einzunehmen und verstand überhaupt nicht, warum es da so ungemütlich kalt war. Pepsi rannte uns zwischen den Beinen herum, neugierig wie sie ist.

Ich wunderte mich, daß ich so ruhig bleiben konnte, froh, daß überhaupt Hilfe da war. Erst am Abend, als ich zu zittern anfing, merkte ich, daß ich einen Schock gehabt hatte. Mein Nachbar meinte, er habe nichts bemerkt im Haus, und er sei am Altjahrstag nochmal drin gewesen.

Inzwischen werkten die Männer im Haus. Als erstes wurden die Wasserhähne aufgetaut (mit Stromstößen). Schließlich floß das kalte Wasser wieder. Dann stellten wir in jedem Raum elektrische Öfchen und Heizlüfter auf. Ich hatte zwei, weitere 5 Stück wurden herbeigeschafft. In jedem Raum summte und brummte es, trotzdem blieb es noch reichlich kalt solange die zentrale Heizung nicht funktionierte. JUNKERS, Stuttgart, war angerufen worden und wollte am nächsten Tag Bescheid geben, wann der Fachmann für die Therme kommen könne. Gegen 22.00 Uhr gingen die Männer.

Ich legte mich nur halb ausgezogen ins Bett und versuchte zu schlafen, stand früh wieder auf und wartete auf meine Helfer. JUNKERS, Stuttgart, rief an, nein sie könnten jetzt niemand schicken, alles sei im Einsatz, ich müsse bis Dienstag (4 Tage!) warten. Mein entsetzter Aufschrei rührte ihn nicht. Der Wochenenddienst würde Hunderte von Mark mehr kosten. Ich meldete es „meinen Männern". Kurz drauf kam mein Monteur und sagte er habe „dem" in Stuttgart den Rost runtergetan. Jetzt komme ein Fachmann von Würzburg. Dieser rief auch nach kurzem an und meldete, er sei auf dem Weg. So hatten wir Hoffnung.

Inzwischen fütterte ich wieder meine Öfen mit viel Hartholz und verbrauchte meinen kleinen Vorrat an Briketts und kochte wieder Kaffee für die Schwerarbeiter. Sie fluchten öfters. Einer sagte: „Sou an Schaiß how i noch niê gseechâ!"

Dann erschien der Fachmann, besah sich den verrußten Apparat, murmelte etwas und zerlegte dann die Apparatur, reinigte den Wärmetauscher, ersetzte Materialteile, sagte, der Brenner sei defekt und könne nur kurzfristig betrieben werden (schöner Trost), - und dann lief die Heizung!! Nun konnte es ans Auftauen der Heizkörper gehen. Treppauf, treppab, vom Keller bis auf die Bühne, raus zum Haus, rein ins Haus, Schuhe abklopfen vom Schnee.

Alle Heizungsrohre mußten nachgesehen werden. Immer wieder brummte der große Stromstoß. „Wärds warm??" „Nâ, noch ned!" „Doch, etz kummds"! Aber dann kam noch etwas anderes. Im Schlafzimmer kam das Wasser aus der Wand, lief am Fenster herab und in Pfützen auf den Boden. „Schnell bringê S ân Ââmer un Lumbâ!" „Wasser abstellâ!" Der Schaden konnte gestoppt werden. Oben auf dem Speicher war ein Rohr geplatzt. Wir lagen auf dem Boden, ich leuchtete mit der Taschenlampe, und die beiden Monteure löteten ein neues Rohrstück ein. Ich solle später mal nachgucken, ob nichts brenne! Es brannte nichts.

Auch am zweiten Tag wurde es spät am Abend, bis sie erschöpft gingen. Ich hatte noch einen Gasheizer beschaffen können, der das kalte Treppenhaus erwärmte. Der große Heizkörper war geflickt, konnte aber noch nicht angeschlossen werden.

Da die meisten Heizkörper jedoch funktionierten und sehr hochgeschaltet wurden, entstand im Haus eine Bollenhitze. Ich dachte an meinen Stromzähler und an meinen Heizvorrat (Flüssiggas). Der Monteur fragte: „San S versichert??" Ja, ich bin versichert, gegen Feuer und

Elementarschäden. - aber Frostschäden gehören zum „Hausrat“, und da bin ich nicht versichert.

Am dritten Tag, Samstag, war nur noch der untere Raum, die “Spinnstube” dran. Und dort war es allerdings am schlimmsten. Als die Leitung aufgetaut war, begann es in der Wand zu rieseln. Wieder Wasser abstellen und dann die Wand aufschlagen. Drei große Löcher klafften schließlich in der Wand, dreimal mußte unter schwierigen Umständen gelötet werden. Ich trug die Eimer mit Bauschutt aus dem Haus,- Erinnerungen an frühere Zeiten, brachte alte Lappen, mit denen die Löcher vorerst verstopft wurden. Die Männer sprachen nicht mehr viel. Schließlich gingen sie, und ich fing an, mein Haus zu putzen.

Am Samstagabend war alles warm, alles wieder sauber. In der Spinnstube stand noch alles durcheinander, aber der Holzboden war aufgetrocknet, der Heizkörper warm. Allerdings müsse in den nächsten Tagen vielleicht doch noch ein Stück der Wand aufgeschlagen werden. Vorerst war Ruhe.

Und die große Rechnung kam nach...

Ich lebe noch.

Alle meine Katzen

Erfahrungen einer Unerfahrenen

Meine Großeltern hatten eine Katze. Sie hieß „Hex". D'Hex war schwarz und weiß, aber mehr schwarz. Sie schlief entweder hinter dem grünglasierten Kachelofen, wo auf halber Höhe zwischen Wand und Ofen ein Blech angebracht war, oder aber auf Großvaters Bauch.

Wenn der Großvater sich zum Mittagsschläfchen hinlegte, kletterte Hex auf den weichen Hügel seines Bauches, der eine stattliche Höhe aufwies und ließ sich vom sanften Heben und Senken ihrer Unterlage selbst in den Schlaf wiegen.

In der Küche stand unter dem großen Küchenherd ein etwas angeschlagener Emailleteller, in den die Großmutter von Zeit zu Zeit Milch goß, auch etwas Brot hineinbrockte, was von „dr Hex" ausgeschlabbert wurde. Das Fleisch besorgte sie selbst. Katzenfutter, wie man es heute kauft, gab es damals nicht, dafür gab es genügend Mäuse in einem alten Haus. Außerdem war da noch das Gärtle oder die Remswiesen als Jagdgebiet. Hinausgehen und Hereinkommen war kein Problem. Die Hintertüre hatte ein Katzenloch. So war Zu- und Abgang stets gesichert.

Ich habe keine besondere Erinnerung an d'Hex, weiß nicht einmal, ob ich sie als Kind, das ich damals war, gestreichelt habe. Aber ich sehe sie noch vor mir, und es gibt auch ein sehr schönes Foto mit Großvater, Bäsle und Hex.

Später hätte ich gerne eine Katze gehabt. Noch mehr meine Mutter, die eine große Katzenliebhaberin war. Aber zu unserer Mietwohnung im zweiten Stock führten 44 Treppenstufen, einen Garten hatten wir nicht, eine Katze nur in der Wohnung zu halten war nicht Sitte, außerdem war mein Vater gegen das Katzenzeug.

Während meiner Berufszeit war ich einerseits dienstlich sehr eingespannt, oft ohne Feierabend, dazu in Dienst-oder Mietwohnungen („Haustiere nicht erwünscht"), sodaß mir nicht einmal der Gedanke an eine Hauskatze kam.

Das änderte sich total, als ich nach Beendigung meiner Berufstätigkeit aufs Land zog. Nun nannte ich ein ganzes Haus mein eigen, wohnte ebenerdig und hatte einen großen Garten.

Fleckle

Schon während der Zeit der Renovierung, als ich noch zwischen meiner Wohnung in Stuttgart und Emmertsbühl, wo ich ab 1986 wohnen sollte, hin und her pendelte, machte ich Bekanntschaft mit Nachbars Katze. Zwar lebten in dem Bauernbetrieb mehrere Katzen, aber eine davon war eine besonders kecke und intelligente Katze, braungetigert mit weißem Brustlätzchen und sehr schönen, wachen Augen. Neugierig kam sie heran, wenn ich mit meinen Helfern im Garten arbeitete oder zur Vesperpause unterm alten Birnbaum vor dem Haus saß.

Und natürlich kriegte sie vom Vesper etwas ab. Ihren Namen, - vorher war sie namenlos, - bekam sie von mir: „Fleckle“ wegen ihres weißen Brustlätzchens. Nach kurzer Zeit hörte sie auch auf diesen Namen und kam angelaufen, wenn man sie rief. Allerdings durfte man Eßbares nicht unbewacht lassen. Fleckle holte sich mit geübtem Griff alles, was ihr schmeckte. Dabei kam ihr eine Fähigkeit zugute, die sie anderen Katzen voraus hatte: Sie konnte die Tür öffnen!

Mit einem Satz sprang sie hoch, hing sich an die Klinke, diese gab nach, die Tür sprang auf, Fleckle spazierte ins Haus.
Klug, wie Fleckle war, tat sie dies nur, wenn sie sich unbeobachtet glaubte. Aber einmal habe ich es doch gesehen. Das hätte einen Schnappschuß gegeben! Aber wer hat schon die Kamera bereit, wenn Fleckle an der Haustür hochspringt!

Als ich dann in meinem kleinen Ort seßhaft geworden war, wurde Fleckle mein regelmäßiger Gast. Wenn ich über den Nachbarshof ging, wo Fleckle in der Sonne lag, sang ich leise: „Fleckle - Speckle“, und sie blinzelte mich an und bewegte den Schwanz. Aber nie war ich sicher vor ihren Diebstählen. Sie bewegte sich ungeniert in meiner Küche, hopste auf Tisch und Anrichte, und ich mußte sie oft verjagen. Ich gewöhnte mir an, alles Katzen-Eßbare wegzuräumen oder doch gut abzudecken. Aber einmal war ich nicht vorsichtig genug. Zwar guckte von dem Suppenhuhn nur ein Bein unterm Deckel der Jenaer Glasform heraus, aber Fleckle räumte in meiner Abwesenheit den Deckel ab, er fiel zu Boden und zersprang, dann zog sie das nicht sehr große Huhn heraus, ging mit ihm ebenfalls zu Boden und begann zu fressen. Dann kam ich. Fleckle rettete sich durch die Flucht. Ich rannte ihr zwar laut schimpfend mit dem Besen nach, warf ihn auch nach ihr, verfehlte sie natürlich und beklagte mich dann heftig bei der Bauersfrau über „dui freche Katz“.

Sie war ganz meiner Meinung. Beide schimpften wir über das Katzenvieh, und als Schadenersatz für das angenagte Huhn bekam ich zwei Schweinekoteletts aus der Gefriertruhe. Aber lange konnte man dem schönen Fleckle nicht böse sein.

Nach etwa zwei Jahren wurde ihr leider ihre Intelligenz und Geschicklichkeit zum Verhängnis. Sie öffnete nicht nur Haustüren, sie öffnete auch provisorisch verschlossene Hasenställe, holte sich junge Kaninchen heraus und verspeiste sie. Nachdem sie jeden Morgen hereindrückte, wenn ich die Haustüre aufschloß, war sie plötzlich nicht mehr da. Ich vermißte sie sehr.

Miju

In der Zeit ihres unbekümmerten Lebens bekam Fleckle regelmäßig zwei Mal im Jahr drei bis vier Junge. Als ich ab 1986 im Ort wohnte, holte ich mir eines Tages so ein kleines Wesen von Nachbars herüber, um es meinen Besuchern zu zeigen. Der Winzling paßte leicht in meine Hand, konnte gerade die Äuglein öffnen, erregte das helle Entzücken der Besucher und sagte kläglich: „Miijuu". Damit war die Namensgebung besiegelt. Fleckle, meine regelmäßige Besucherin, brachte bald das ihr verbliebene Kind mit, das eifrig hinter ihr hertrippelte und sich mit der Mama hinter das Milchschüssele machte.

Noch waren es Nachbars Katzen, fühlten sich aber auch bei mir zuhause. Nächtlicher Schlafplatz war und blieb allerdings die Scheune.
Ich bekam Katzenbücher geschenkt und kaufte jetzt auch Katzenfutter. Noch wußte ich nicht, wie man ein Kätzle ans „Kistle" gewöhnt, wenn es viel im Haus ist. So mußte ich immer darauf achten, daß die Katzen rechtzeitig draußen waren.

Miju wurde anhänglich. Ich erinnere mich an einen längeren Spaziergang, bei dem das kleine Kätzle hinter mir hertrabte. Als ich es nach einiger Zeit hochnahm und tragen wollte, wehrte es sich und wollte wieder zum Boden. So marschierten wir weiter.

Zusammen mit Miju erlebte ich zum ersten Mal, wie eine Mutterkatze ihr Junges abweist, wenn die Zeit gekommen ist. Da wird das nicht mehr so kleine Kind angefaucht, weggedrückt, wenn es sich wieder an die mütterliche Milchquelle heranmachen will, notfalls geohrfeigt, - bis es begriffen hat. Die alte Katze will wieder frei sein, ihre Mutterpflichten sind erledigt, sie wird bald wieder rollig, und ist bereit, den Kater an sich heranzulassen. So war Frau Fleckle wieder selbständig und frei und ging ihre eigenen Wege. Am Katzenschüssele fraßen sie zwar noch einträchtig, schliefen in der kalten Jahreszeit auch friedlich auf je einem Heizkörper und waren auf jeden Fall morgens zur Stelle. Manchmal lag auch eine im runden Korb in der Küchenecke. Plätze zum Schlafen fanden sich immer.

Ich betrachtete Miju nun schon mehr als meine Katze, während Fleckle Nachbars Katze war. Als ich dann einmal für eine Woche verreiste, freute ich mich bei der Rückkehr sehr auf mein Kätzle und ging auch sofort, es zu suchen.

Ich fand Miju in Nachbars Schweinestall und lockte sie. Sie wandte kurz den Kopf und sah mich an, dann lief sie weiter. Ich war enttäuscht, aber ich verstand das Signal: Wenn Du mich verläßt, bin ich gekränkt und zeige dir auch die kalte Schulter. Nach zwei Tagen aber war die Fremdheit überwunden.

Dann wurde Miju auch empfänglich für den Kater. Ihr Bauch rundete sich zusehends, und dann verschwand sie. Rufen und Suchen halfen nicht. Der Bauer sagte: „Diê wärd scho â Blätzle gfundê howê, wus ihr Junge brôôcht had". So war es auch. Er fand sie, brachte drei der Jungen um und ließ ihr eines. Mit dem verschwand Miju wieder. Ich hatte sie noch nicht gesehen und suchte weiter. Aber in diesem Bauernhof gibt es so viele Schlupfwinkel, daß Suchen fast aussichtslos ist. Eines Tages schaute ich im Geißenstall nach, tief unterm Futtertrog der Geißen. Da hörte ich von oben ein Geraschel, sah eine alte Schachtel auf dem Gestell stehen und hob sie vorsichtig herunter. Miju saß drin und hatte ein grauweißes Kätzchen bei sich. Aber wie sah es aus! Dünn und struppig und mit eiterverklebten Äuglein. Voller Schreck stellte ich die Schachtel an ihren alten Platz und schlich mich davon. Das Junge schien krank zu sein. Was sollte ich damit anfangen?

Als ich am Abend in meiner Küche etwas aus dem Regal holen wollte, regte es sich unter mir im runden Korb. Da saß Miju mit ihrem Kind und sah mich aus großen Katzenaugen bittend an. Sie hatte ihr krankes Kind zu mir gebracht. Da gab's nun kein Wegschleichen mehr. Das Kind mußte gepflegt werden.

Mit einem Pülverle aus der Apotheke („swärd scho nix helfê") und Kamillentee für die eitrigen Augen, ging es dem Kind doch langsam besser. Das Fell, von der Mama eifrig geleckt, wurde glänzend, die Äuglein hell, die Muttermilch tat das ihre. Abends spazierten sie über den Hof, und am Morgen standen jetzt drei Katzen vor meiner Tür. Wenn das so weiterging! Ich beschloß, das Mijukind nun wirklich als meine Katze zu adoptieren und nannte es „Rickele". Aber nach einiger Zeit merkte ich, daß es ein „Ricki" war. Au recht.

Eines Morgens kam Miju hinkend an und versuchte vergeblich, auf ihren Ruheplatz im Schaukelstuhl zu gelangen. Ich hob sie hoch. Sie klagte leise, als ich ihr Hinterbein berührte. Nachdem sie sich aber etliche Tage nur mit Fressen und Ruhen abgegeben hatte, schien das Bein wieder in Ordnung zu sein. „Â Katz had siewê Leewê" sagte der Nachbar. Ein andermal kam sie mit einer tiefen Fleischwunde am Hals, es fehlte

ein ganzes Stückchen Fell. Entsetzt betrachtete ich die Wunde. Es sah furchtbar aus. Miju nahm es eher gelassen. Sie schlief wieder viel, leckte sich so gut es am Hals ging, und nach einigen Wochen war die Wunde geheilt und neues Fell bedeckte den Schaden.

Dann kam ein böser Zwischenfall mit Miju. Ich ging oft, wenn ich einen Verdacht hatte, schnüffelnd wie ein Hund durchs Haus. Und eines Tages folgte ich einer üblen Duftspur. Sie führte in eine der Gästekammern, wo ich viel roch aber nichts sah, bis ich mich dann auf den Boden legte und unters Bett spähte. Im hintersten Eck bemerkte ich einen großen dunklen Fleck. Also Bett wegrücken. Da war die Bescherung: Katzendurchfall auf dem Teppichboden!

Oh, ich war wütend! Bis das wieder beseitigt war, einschließlich des Gestanks in dem kleinen Raum! Als ich Miju im Hof entdeckte, packte ich sie im Genick, trug sie zur Untat, schüttelte sie, schrie sie an, gab ihr Klapse und warf sie dann in meinem Zorn zum Haus hinaus. Ich schäme mich noch heute dafür. Am Abend war das Schlimmste beseitigt mit Wasser, Seife, Wurzelbürste, das Fenster blieb offen. Mein Zorn war auch verraucht, und mein Gewissen regte sich. Ich sah Miju im Hof sitzen und lockte sie. Sie wandte den Kopf, sah mich an, dann wandte sie den Kopf wieder weg und ging langsam über den Hof zur Scheune.

Das war das vorläufige Ende unserer Beziehung. Es schmerzte mich sehr, aber ich gab Miju recht. Sie kam noch zum Fressen, ging aber bald wieder. Manchmal schlief sie auch noch auf der Heizung, aber sie ließ sich nicht mehr von mir streicheln. Trotzdem hatten wir noch eine lange Geschichte miteinander.

Ricki

Er war ein süßer, kleiner Kater, hellgrau mit weiß durchsetzt. Ich liebte ihn, war aber immer noch eine relativ strenge und manchmal auch ungeduldige Katzenmutter. Allerdings war ich auch katzenreich und mußte für Ordnung sorgen. Mit einem Auge auf das freche Fleckle erzog ich die anderen dazu, daß Eßtisch und Küchenzeile für sie tabu waren. Sie begriffen es auch und hielten sich dran - solange ich mich in der Nähe befand.

Aber immer noch machte ich den Fehler, ihnen etwas abzugeben, wenn ich selber aß. Das begriffen besonders Ricki und Miju gut und saßen also gemeinsam oder einzeln erwartungsvoll neben meinem Stuhl. Ganz abgesehen davon, daß bettelnde Katzenaugen einen beim Essen stören können, oder zwei Pfötchen, die sich plötzlich aufs Knie legen und mit den Krallen festhalten, „Menschenfutter“ ist zu salzig oder zu fett für Katzenmägen.

Auch die Erziehung fürs Katzenklo war mir noch nicht geläufig, so mußte auch Ricki die Nacht draußen, bezw. in der Scheune verbringen. Morgens saß er dann im Geäst des großen Birnbaums vor dem Haus. Wir begrüßten uns, wenn ich die Schlafzimmerfenster im ersten Stock öffnete, und er hatte es dann sehr eilig, vom Baum herabzuklettern. Tagsüber schlief er im Schaukelstuhl oder auf dem Heizkörper. Eine gewisse Unterlage war ihm allerdings am liebsten. Wen ich mich auf die Couch legte, oder auf den Boden, um mein Kreuz wieder auszubalancieren, dann kam er sofort und ließ sich auf meinem Bauch nieder. Und es ist sehr angenehm, solch eine weiche, warme Katze auf dem Bauch liegen zu haben!

War Ricki draußen und wollte herein, so erschien er auf dem steinernen Gesimse am Fenster und war nicht zu übersehen. Das hatte er von Mama gelernt. Auch er machte eines Tages die Erfahrung, daß ihn diese Mama anfauchte und ohrfeigte, wenn er wieder bei ihr kuscheln oder gar nukkeln wollte. Es half nichts, er mußte selbständig werden. Ricki spazierte auch bei den „oberen Nachbarn“ herum, fand dort auch Freßbares und wurde gestreichelt. So entwickelte er sich zu einem großen Kater, war nicht sehr intelligent, aber lieb.

Dann reiste ich im Dezember 1988 für 8 Wochen nach Südafrika. Der Abschied von Ricki fiel mir schwer. Ich bat die 0ma der oberen Nachbarn, Ricki doch manchmal ein warmes Plätzchen zu gönnen. Sie tat es auch, aber als ich Anfang Februar zurück kam, empfing sie mich mit: „Deß is â wiêschdêr Dinger, der had - - -“ Genau weiß ich nicht mehr was der wiêschdê Dinger gemacht hatte, wahrscheinlich irgendwo hingepinkelt, wenn nicht etwas Schlimmeres.

Ricki schlief nun wieder im Schaukelstuhl und erschien an meinen Fenstern.

Aber es kam das Frühjahr und mit ihm die entsprechenden Katergefühle. Er maß sich mit einem anderen jungen Kater im Wettsingen, und ich staunte, welche tiefen und hohen Töne aus seiner grauweißen Katerbrust kamen.

Eigentlich war das Revier besetzt durch einen alten „bösen“ Kater mit zerfetzten Ohren und einem strupppigen Fell, den ich Jockel nannte. Wenn nun Jockel und Ricki aneinander gerieten, gab es ein fürchterliches Geschrei. Ich rannte hinaus, schrie ebenfalls fürchterlich; verjagte Jockel und lockte Ricki, der nicht sehr mutig war und gegenüber Jockel immer den kürzeren zog, ins Haus.

Aber das Haus war ihm nicht mehr so wichtig. Im Mai verschwand Ricki. Ich suchte ihn auf der Straße, - lag irgendwo ein graues Fellchen? Ich suchte, rief und lockte in der näheren und weiteren Umgebung, – kein Ricki.

Zuerst hoffte ich noch, dann fing ich an zu trauern. Wie oft drehte ich den Kopf zum Küchenfenster, wenn ich am Tisch saß! Vergeblich. Nach fünf Wochen saß er da. Ich konnte es kaum fassen. Er bekam sein Lieblingsfutter und fraß sich satt, aber er war ein Vagabund geworden. Im Sommer verscnwand er wieder. Ich suchte ihn in den umliegenden Höfen. Vergeblich. Einmal meinte ich ihn zu erspähen, als ich mit dem Auto auf einer Seitenstraße in den Ort fuhr. Ich hielt an, stieg aus und rief seinen Namen. Er wandte sich kurz um, sah mich an und verschwand dann im Kornfeld. Später traf ich ihn sogar auf der Dorfstraße, struppig und ungepflegt. Ich lockte ihn zärtlich. Er folgte mir langsam und zögernd, aber es gelang mir nicht, ihn bis ans Haus zu bringen.

Dann verschwand er auf Nimmerwiedersehen.

Zwischenspiel „Graule“

Noch war es ein Wurf von Fleckle, vermutlich der letzte. Der Bauer wollte alle Jungen umbringen, es seien genug Katzen da. Ich bat ums Leben von mindestens zwei und versprach, sie auch unterzubringen. Er ließ sich erweichen.

Tatsächlich fand ich für eines der Jungen einen Platz in der weiteren Nachbarschaft. Aber da war noch das letzte Kätzchen. Ein süßes, zutrauliches, grau getigertes Kätzchen mit einem seidenweichen Fell. Es ließ sich hochnehmen, herumtragen, kam bald selbständig über den Hof, schlief im Korb in meiner Küche und wurde jeden Tag hübscher. Es wuchs mir auch jeden Tag mehr ans Herz. Ich nannte es „Graule“, aber es wurde Zeit, das Kätzchen woanders unterzubringen, sonst konnte ich mich nicht mehr von ihm trennen, und es gingen doch schon drei Katzen bei mir aus und ein.

Mit Graule gelang es mir zum ersten Mal, ein Kätzchen ans „Kistle“ - das Katzenklo - zu gewöhnen, und ich staunte, wie leicht das ging. Aber wohin mit dem Graule?

Dann stellte eine Freundin aus Stuttgart in meiner **Galerie** ihre Arbeiten aus. Sie erzählte mir von einer Bekannten, die nach einer Katze suche. Das war ein Lichtblick! Nach kurzer Zeit war telefonisch der Kontakt hergestellt. Ja, sie wolle gerne das Kätzle nehmen, allerdings sei es schon komisch, ein solches aus Hohenlohe nach Stuttgart zu holen, wo es doch sicher in der näheren Umgebung...

Aber ich blieb dran. Und weil in dieser Zeit eine regelmäßige Besucherin aus Stuttgart in größeren Abständen zur Beratung hierher kam, fand ich in ihr eine Überbringerin. Sie brachte den Katzenkorb mit. Ich nahm das in der Küche schlafende Graule, das sofort zu schnurren begann, sanft hoch und versenkte es in den Katzenkorb. Dabei hatte ich ein solches Herzklopfen. Ich hätte weinen können. Es war ein schmerzlicher Abschied. Mein Trost war, daß Graule einen sehr guten Platz bekommen würde. Und so war es auch.

Schnurri

Nun war ich ohne Graule, ohne Ricki, dann auch ohne Fleckle, meine Besucherin. Miju war noch da, aber sie kam nur zum Fressen zu mir, schlief und ging dann wieder.

Da sah ich eines Tages ein rot-getigertes Kätzchen über den Hof hinken. Die Kinder sagten, es sei von einem Auto angefahren worden und über die ganze Straße geschleudert worden. Ich nahm das Kätzchen hoch, das sofort heftig zu schnurren begann. So kräftig hatte ich eine junge Katze noch nicht schnurren gehört. Damit hatte sie zunächst ihren Namen weg: „Schnurri“, und ich hatte wieder ein Anhängsel. Schnurri kam täglich angehinkt und machte es sich in meiner Küche bequem. Das Hinken besserte sich zusehends. Der kleine Bursche war wieder gesund und wurde sehr anhänglich. Miju sah etwas schief auf ihn, ließ ihn aber in Ruhe und ging ihre eigenen Wege.

In die Schnurri-Zeit fiel zweimal meine Abwesenheit, einmal kürzer, einmal länger. Für die kürzere fand ich eine Pflegefamilie mit 3 Buben, die über den Zugang begeistert waren. Schnurri bezirzte sogar das Herz des Familienvaters, der „eigentlich“ keine Katze im Haus wollte. Ja, für zwei Wochen, aber nicht auf Dauer. Und siehe da, als Schnurri wieder bei mir eingekehrt war, zog nach kurzer Zeit ein Kätzchen „auf Dauer“ in die Familie ein.

Während meiner längeren Abwesenheit zog Schnurri bis nach Bad Mergentheim, wo er eine liebevolle Aufnahme und gute Pflege fand. Als ich ihn wieder entgegennahm, war er gewachsen, kräftig geworden, weiterhin lustig und gewöhnte sich schnell wieder ein. Er hüpfte viel im Garten umher, hatte er genug, kam er ans Fenster und meldete sich.

So saß ich eines Tages mit einem Praktikanten im „Stüble“, vertieft in berufliche Themen, da erschien Schnurri am Fenster und schrie um Einlaß. Der Zustimmung meines Besuchers sicher, öffnete ich das Fenster. Schnurri hüpfte herein und auf meinen Schoß. Dort saß er aufrecht wie ein Hase, ohne zu stören, und mein Besucher sagte bewundernd: „Wia des Kätzle bei Ihne sitzt!“

Leider war dies der letzte Tag, daß Schnurri bei mir saß. Er verschwand spurlos. Ich habe nie mehr etwas von ihm gesehen. Es tat mir sehr leid.

Schilli

Jeden Sommer macht meine Schwester aus der Stadt eine Woche „Ferien auf dem Land“. Diese Ferien sehen dann so aus, daß wir irgend eine schwere Arbeit, die ich nicht allein bewältige, in Haus, Garten oder Hofgebäuden in Angriff nehmen. Während der Beerenernte ist das „Gsälzkochen“ die vordringlichste Aufgabe. Aber mindestens einen Tag oder auch zwei nehmen wir uns jeweils frei für einen Ausflug. In diesem Jahr gings nach Schillingsfürst.

Nach der Schloßbesichtigung bummelten wir noch ein wenig durch die nähere Umgebung. Da sahen wir Kinder, die auf dem Gepäckständer ihres Fahrrads im Korb ein nicht mehr ganz junges Kätzchen herumführten. Es war eine Schönheit mit weißem Brustlatz und einer kräftigen braun und schwarzen Zeichnung und ich verliebte mich sofort in es. An mein katzenleeres Haus denkend, fragte ich die Kinder, ob ich das Kätzchen bekommen könne? Sie liefen und fragten ihre Mutter, die sofort kam und freudig zusagte, sie hätten genug andere Katzen. Ich gab ihr ein Geldstück, die Kinder trugen das Kätzle, es war ein Kater, zu meinem Auto, wir versenkten es im Gepäckraum in einen Korb und fuhren ab.

Unterwegs sagte ich ziemlich bänglich zu meiner Schwester: „Was wohl Miju dazu sagen wird?“ Sie sagte nichts, warf nur einen schrägen Blick auf den neuen Hausbewohner und spazierte, wie seither, weg über den Hof.

Seiner Herkunft gedenkend, nannte ich den kleinen Kater „Schilli“, was sich auch sehr gut rufen ließ und sich dem intelligenten Kätzle bald einprägte. Schilli erforschte das Haus, dann den Garten, kam oder kam nicht, wenn ich ihn rief, war sofort sauber und kam, wie seine Vorgänger ans Fenster, um eingelassen zu werden. Ungeniert ließ er sich von allen streicheln, machte längere Streifzüge, stellte sich aber immer wieder ein. Er versuchte sein Glück bei Miju, wurde aber angefaucht und saß bedeppert da.

Dann verschwand er. Ich suchte ihn überall, im Garten, auf der Straße, - lag irgendwo ein Fellchen?,- ich rief und lockte. Kein Schilli. Dann fragte ich meinen Nachbarn, der seine Augen überall hat. „Ou“, sagte der, „die Katz is bom Schorsch“. Das war der übernächste Nachbar, ein alter Mann und Katzenliebhaber, der immer einige Katzen um sich herum hatte. Ich ging zu ihm. Da saß Schilli in der Wohnstube auf der Fensterbank. Ich sagte entrüstet: „Des isch mei Katz, was tuet denn die do?" „Was?" sagte der Nachbar, ebenfalls entrüstet, „deß is mei Peter!" Ich wies ihn drauf hin, daß meine Katze kleiner sei als sein Peter, gab aber zu, daß sie ihm ähnlich sehe. Ein Wort gab das andere. Als der Nachbar in seinem Ärger drohte, die Katze totzuschlagen (was er sicher nicht getan hätte!), gab ich nach und ließ Schilli bei ihm, hoffte aber im Stillen, er käme von selbst zu mir. Zwar besuchte er mich ein paar Mal, verschwand dann aber wieder zum Nachbar und verschwand schließlich ganz. Ein ruheloser Gast.

Sascha

Im Sommer 1990 fuhr ich mit einer Besucherin nach Schloß Stetten, um ihr die dortige Senioren-Anlage zu zeigen. Als wir heimfuhren, Richtung Langenburg, sah ich beim Vorbeifahren (aus dem rechten Augenwinkel) ein winziges schwarzes Kätzchen am Straßenrand sitzen. Ich fuhr noch ein Stück, dann hielt ich an. „Do isch a Kätzle g'seßa". Ja, mein Gast hatte es auch gesehen. Es mußte ausgesetzt worden sein. Ich brachte es nicht über mich „vorbeizugehen". Beide liefen wir zurück. Das Kätzchen saß noch da und öffnete bei unserem Näherkommen das Mäulchen, aber es kam kein Ton heraus. Es mußte total erschöpft sein. Ehe ich es aber fassen konnte, war es im Gebüsch verschwunden. Beide versuchten wir, es durch Geraschel hervorzulocken, es kam auch, lief aber schnell über die Straße und verschwand im nächsten Gebüsch. Ich sagte:

„Wir machen drei Versuche, dann geben wir es auf". Der dritte Versuch gelang, ich hatte das Geschöpfchen in der Hand und spürte unter dem losen Fellchen alle Rippen. Auch jetzt kam kein Ton aus der vermutlich ausgetrockneten Kehle. Zuhause gabs gleich verdünnte Milch, die eifrig geschlabbert wurde. Aber was hatte ich mir da eingetan! „Sascha" war ein Pflegefall.

Ich brachte ihn zum Tierarzt mit der Frage, ob es nicht besser wäre, ihn einzuschläfern. Der Tierarzt betrachtete sich das Häufchen Elend genau und meinte: „Den kann man durchbringen". Also zunächst eine Spritze und Tabletten für zuhause. Eine Woche hatte ich Zeit, ihn zu pflegen, wobei es ihm sichtlich besser ging, aber dann mußte ich für eine Woche verreisen. Was tun mit Sascha-Kind?? Ich fragte herum, ob ihn nicht jemand in Pflege nehmen könnte und fand tatsächlich ein Pfarrhaus(!) mit einer großzügigen und absolut katzenfreundlichen Pfarrersfrau, die selbst schon 3 Katzen hatte. Sascha bekam den Unterstock zugewiesen, wurde gefüttert, konnte dort herumspielen, und als ich nach einer Woche wiederkam, sah er schon bedeutend hübscher aus, war zutraulich und gewöhnte sich zuhause schnell wieder ein, kam sogar auf Zuruf. Die Nachbarskinder hatten auch ihre Freude an ihm.

In seinen Babyjahren trug ich ihn manchmal in einer Umhängetasche spazieren oder eingewickelt in ein Handtuch unterm Arm, damit er die weitere Welt auch kennenlernte. Alle meine Besucher waren entzückt von diesem schönen Kätzchen, das neugierig zugegen war, wenn im

16

Garten gearbeitet wurde. Meine Sorge war immer die Straße mit den viel zu schnell fahrenden Autos. Aber Sascha hatte ja ein großes Hinterland mit Garten und Wiese.

Als ich ein Jahr später wieder für eine Woche weg war, verschwand Sascha ebenfalls für eine Woche, obwohl ein Nachbarsmädchen bereit war, für ihn zu sorgen. Rufend und lockend ging ich durch das Gelände, als ich wieder zurück war, aber es dauerte nochmal fünf Tage bis er wieder auftauchte. Sicher hatte er einen andern Freßplatz gefunden, denn er sah keineswegs heruntergekommen aus. Meine Freude war groß!

Froh war ich auch, daß Miju mit Sascha zurecht kam. Er war ihr nicht besonders wichtig. Sie hatte anderes zu tun. Zwei junge Kätzchen umschwänzelten sie, und sie war ihnen eine hingebungsvolle Mutter. Aber für mich hieß es, daß dies der letzte Wurf gewesen war. Als ihre Kinder abgewöhnt waren, ließ ich Miju sterilisieren.

Sascha entwickelte sich prächtig. Er war ein Staatskater mit seinem glänzend schwarzen Pelz und seinem weißen Brustlatz, aber ehe seine Katergefühle erwachten, bekam der Tierarzt mit ihm zu tun, Sascha wurde kastriert. Schlafend brachte ich ihn im Körbchen heim und erlebte zum ersten Mal, wie eine Katze aus der Narkose aufwacht. Kaum konnte er den Kopf wieder heben, versuchte er, aus dem Korb zu steigen, wunderte sich aber sehr, daß er danach einknickte und auf die Seite fiel. Aber er gab nicht nach, und im dritten Anlauf ging es schon besser. Am nächsten Tag war er wieder der muntere Geselle und wurde ein guter Mäusefänger, nicht nur im Freien oder in der Scheune, auch immer wieder mal bei mir im Haus.

Sascha war eine Persönlichkeit mit aristokratischen Zügen, eine „Aristo-Cat“. Er wurde nicht besonders schmusig, war aber standorttreu. Nachts war er oft draußen, wenn er nicht vorzog, die Nacht auf meinem Bett zu verbringen. Er lief mir nach ins Bad, um mir bei meiner „Fellpflege“ aufmerksam zuzuschauen. Dort hüpfte er mit einem Satz in die Sockenschachtel, die in der offenen Nische eines kleinen Schränkchens stand. Von diesem weichen Nest aus verfolgte er alle meine Bewegungen. Er wartete dann vor dem Bett, bis ich aus dem Bad kam. Erst, wenn ich lag, hüpfte er herauf und nistete sich ein. Wir kamen sehr gut miteinander zurecht. Wenn er auswärts war und dann morgens hereinkam, wurde er hochgenommen und zur Begrüßung an die Wange gedrückt. Es gefiel ihm nicht. Er bog den Kopf weg, strebte vom Arm herunter und lief zu seinem Freßschüsselchen.

Auch sonst kam er nicht auf den Schoß, sondern legte sich etwas entfernt auf den Boden oder auf die Couch. Einmal war ich von seiner Distanziertheit so frustriert, daß ich einen Tag lang nichts mit ihm sprach. Das war ein „Köpfchengeben" am Abend! Er umschmeichelte mich, boxte seinen Katerkopf gegen meine Knöchel. Ich beugte mich hinunter, streichelte ihn und versicherte ihm, daß ich ihn liebhabe. Alles war gut.

Dann kam der Abend, als ich mich zum Yoga (in Blaufelden) fertigmachte. Ich ging zur Nachbarin, um sie abzuholen. Und wer begleitete mich? Sascha. Das hatte er noch nie getan. Ich war ganz gerührt. Wir kamen miteinander zurück und stellten uns an den Straßenrand, um auf die beiden Wiesenbacher zu warten, die uns von hier aus mitnahmen Meist hatten sie etwas Verspätung. Ich hörte von der andern Seite ein anderes Auto in schneller Fahrt die Dorfstraße herunterkommen. Sascha stand etwas entfernt von mir. Ich bekam Angst. Was sollte ich tun? Ihn locken oder verscheuchen. Ich tat nichts, in der Hoffnung, daß Sascha stehen bleiben würde. Als das Auto auf unserer Höhe war, wandte sich Sascha und stürzte voll ins Auto. Es tat einen furchtbaren Schlag, das Auto bremste knirschend, ich schrie gellend: „Mei Katz!" und rannte dem Auto nach. Sascha lag im Todeskampf auf der Straße. Ich stürzte auf die Knie und schrie, wie ich noch nie im Leben geschrieen hatte. Blitzartig sah ich, daß Sascha zwar sterbend, aber noch nicht tot war und ich ihn vielleicht vollends totschlagen mußte.

Aus den umliegenden Häusern kamen Leute gelaufen, die meinen Schrei gehört hatten. Der Autofahrer war ausgestiegen und herangekommen und sagte verzweifelt: „Deß hob i net wellâ, es duêd mr laad". So standen sie um mich herum. Sascha war still geworden. Ich stand auf und nahm ihn hoch, um ihn wegzutragen. Da ging eine Bewegung durch seinen Körper und sein Kopf legte sich ohne Widerstreben in meine Hand. Er war tot.

Miju zum Zweiten

Miju ging weiterhin aus und ein. Sie fraß sich satt, war bescheiden in ihren Ansprüchen und legte sich auf den Heizkörper zum Schlafen, oft stundenlang. Saß ich beim Essen, kam sie zu mir, setzte sich auf den Boden daneben und blickte zu mir auf mit ihren schönen Augen. Gab es lange nichts, richtete sie sich auf die Hinterfüße und legte mir ihre Pfoten aufs Knie. Wer konnte da widerstehen? Sie war wieder zutraulich geworden, nachdem eine bedeutsame Versöhnung stattgefunden hatte. Und das ging so: Miju lag im Oberstock im Gang auf dem Woll-Läufer und betrachtete mich beim Hin- und Hergehen. Dann setzte ich mich ebenfalls - im Abstand - zu ihr auf den Teppich. Ich fing leise an zu sprechen. Ich sagte ihr, wie leid es mir tue, daß ich damals so „böse" gewesen sei, aber ich würde sie wirklich sehr mögen. Immer wieder sagte ich : „Liebe Miju, schöne Miju". Da ging ein Ruck durch den Katzenkörper und Miju rutschte etwas mehr zu mir her. Ich sprach leise und liebevoll weiter mit ihr, und Miju kam immer näher, bis sie dicht an meinem Bein lag und ihren Kopf an mich drückte. Ich durfte sie streicheln, sie ließ es sich gefallen. Als ich aufstand, ging sie mit mir in die Küche. Ich war sehr froh.

Moritz mein Moritz !

Im Mai 1993 kam ein Anruf von Ute aus Wiesenbach: „Meine Buben haben ein mutterloses Kätzchen gefunden. Es saß in einem Schuppen auf dem Holzstapel und hat den ganzen Tag geschrieen. Wahrscheinlich ist seine Mutter umgekommen. Jetzt haben die Buben das Kätzchen zu mir gebracht, aber wir können es nicht auch noch behalten. Nun dachte ich an Dich, weil Du ja jetzt keine Katze mehr hast, - willst Du es nicht nehmen?" Ich seufzte tief. Ich hatte mich drauf eingestellt, keine Hauskatze mehr zu haben. Einerseits saß der Schmerz um Sascha noch tief. Andrerseits taten mir eine gewisse Sorglosigkeit und Freiheit in der Planung meiner Zeit gut. In vier Tagen stand außerdem eine Ausstellungseröffnung ins Haus. Ich versprach jedoch, am Abend vorbeizukommen und das Kätzchen anzusehen. Als ich den Hörer auflegte, wußte ich, daß ich bereits verloren war. Ein mutterloses Kätzchen ohne Bleibe „anzusehen" und dann nicht zu nehmen, das war mir ja nicht möglich.

Als ich am Abend zu Ute kam, richteten sich drei dunkle Augenpaare auf mich und einstimmig kam es aus Bubenmund: „Nimmsch Du's?" Zunächst nahm ich den Winzling, der ohne weiteres in meine Hand passte, auf den Schoß. Ein weiß und grau geflecktes etwa 4 Wochen altes Kätzle, ohne Zweifel ein Katerle, wie ich es zunächst am Kopf und dann auch an der Kehrseite feststellte. Zur grossen Erleichterung der Buben gab ich also meine Zustimmung.

Ute gab mir noch gute Ratschläge, wie ein solcher Säugling zu betreuen wäre: Die warme Milch etwas verwässern, alle 2 Stunden mit einem Löffelchen einflößen , eine Wärmflasche ins Katzenkörble, abgedeckt mit einem Wolltuch. Nun hatte ich einen Säugling, der alle 2 Stunden gefüttert werden sollte, möglichst auch nachts. Zum Glück bekam ich ein kleines Plastikfläschchen mit einer Tülle, die ich dem Winzling zwischen die Zähne schob, worauf er emsig zu saugen begann. Nachts stellte ich das Körbchen neben mein Bett und den Wecker auf den Nachttisch. Das hielt ich aber nur zwei Nächte durch. Dann bekam **Moritz**, so nannte ich ihn, einen späten Schlaftrunk, wurde in sein gewärmtes Körbchen gepackt, das ich gut abdeckte. In der Frühe bekam er als erstes sein Fläschchen und dann wieder alle 2 - 3 Stunden. Dazwischen „Windelwechsel" und neue trockene Einlagen. So kamen wir über die Runden.

Moritz war ein gelehriges Kätzchen. Schon am dritten Tag ging er auf's Kistchen. Ich hatte es ihm mit der Hand vorgemacht, wie man darin

Holland
Holland
C.B.T.

scharrt und ihn hineingesetzt, - und es klappte. So gab es nur noch nachts im abgedeckten Körbchen nasse Windeln und bald auch das nicht mehr. Und als er auch dann noch um mich herumfiepte, obwohl er sein Fläschchen bekommen hatte, merkte ich, daß ihm die Milch nicht mehr genügte und gab ihm etwas Festeres. So war ich beschäftigt, - und das nicht nur mit der Katze. Die Ausstellung lief, Gäste waren da, auch andere Termine mußten eingehalten werden, ganz abgesehen von der Gartenarbeit. Auch das Frühjahr hat seine Termine.

Moritz gedieh, war ein lebhaftes, aufgewecktes Kerlchen und eroberte sich bald den ganzen Garten. Was habe ich ihn anfangs gesucht! Bis ich dann merkte, daß ich nur durch den Garten zu gehen brauchte, und schon rannte er mir nach und umarmte meinen Knöchel. Auch wenn ich am Boden arbeitete, - pflanzen, jäten, - schon schoß Moritz aus seiner Deckung hervor, plumpste entweder direkt ins Gepflanzte oder fegte hindurch. Sein Spiel hieß „Hanna erschrecken". Mein großes Gelände gefiel ihm außerordentlich, und langsam lernte er , auf seinen Namen zu hören, natürlich nur wenn er wollte.

Abends spielten wir manchmal Fußball in der Küche. Er rannte so schnell dem Tennisball nach, daß er sich überkugelte. Besonders beliebt war, sich auf die Lauer zu legen und hervorzuschießen, wenn der Ball vorbeirollte. Ein fähiger Torwart!

Das einzige, was meine Freude trübte, war Miju und ihre Eifersucht. Sie war mir und Moritz sehr böse, fauchte ihn an, wenn er sich an sie heranmachte und ohrfeigte ihn, wenn er nicht gleich auf Abstand ging. Miju kam zwar regelmäßig zum Fressen, ging aber bald wieder und sagte beim Hinausgehen zu Moritz, der ihr nachfolgen wollte,: „Saukerl" und zu mir: „Blödes Weib!" Es gab keinen Frieden zwischen den Beiden. Ich versicherte Miju meiner Zuneigung und redete leise auf sie ein, aber sie ließ sich kaum streicheln, sondern duckte sich weg.

Moritz war noch keine 10 Wochen alt, als er eine Maus fing (im Freien), mit ihr artgerecht spielte und sie dann verspeiste. Niemand hatte es ihm gezeigt. Er konnte es.

Ein großer Spaß für Moritz war seine Freundschaft mit dem roten Kater Meisi, der Nachbarsfamilie. Dem Spiel der Beiden zuzusehen war eine Gaudi für alle. Meist schoß Moritz auf Meisi los, beide balgten sich am Boden, Moritz schrie wie am Spieß, Meisi ließ erschrocken los, und schon wieder stürzte sich Moritz auf ihn, und das Spiel ging von vorne los - stundenlang!

Später am Abend sauste er wie ein Wirbelwind zwischen Stüble und Stube hin und her, sprang auf die Couch, wieder herab, und alles ging von vorne los.

In einem bestimmten Moment wurde er von Müdigkeit überfallen, er hüpfte auf meinen Schoß, klappte die Äuglein zu und war eingeschlafen.

Über die ersten Fliegen im Frühjahr ärgerte er sich sehr. Er versuchte ständig, sie zu schnappen, was ihm auch oft gelang, worauf der kleine Braten dann schmatzend verzehrt wurde. Einmal sprang er an der senkrechten Wand hoch, einer Fliege nach, die sich sofort absetzte. Moritz sank, mit den Krallen bremsend, wieder herab. Die Spuren an der Tapete blieben.

Moritz fürchtete weder Wasser noch Feuer. Wenn ich im Garten beim Gießen war, trieb er sich ständig in meiner Nähe herum. Spritzte ich ihn ein bisschen an, schüttelte er sich nur und versuchte weiter, einen Wasserstrahl zu fangen.

Öffnete ich die Herdklappe, um Holz nachzulegen, kam er neugierig herbei. Ich hob ihn hoch und ließ ihn in die Glut sehen. Er hielt ganz still und starrte fasziniert ins Feuer.

Leider fürchtete er auch die Autos nicht. „Der kummd âmâl noch drunder“ sagte die Nachbarin.

Als die Zeit reif war, ließ ich Moritz kastrieren. O wie war er wütend, als er aus der Narkose erwachte und nicht gleich wieder rennen konnte, sondern umfiel! Am nächsten Tag sah ich Moritz am offenen Schlafzimmerfenster sitzen - und im nächsten Augenblick war er im Garten. Im Vollbesitz seiner wiedergewonnenen Kräfte war er einfach aus dem ersten Stock aus dem Fenster gesprungen.

Dann konnte ich ihn eines Abends nirgends finden, alles Rufen war vergeblich. Ich griff zum Besen und zog ihn raschelnd hinter mir her, das hatte immer gewirkt. Und siehe da, Moritz kam im Dunkeln doch hinter mir her, aber zu meinem großen Erstaunen ganz langsam. Langsam stieg er die Stufen zum Haus hinauf, langsam ging er in die Küche. Was war geschehen? Er hatte keine äußere Verletzung, aber der Tierarzt vermutete, daß er angefahren worden war und vielleicht eine Nierenquetschung hatte.

Langsam wurde Moritz doch wieder der alte. Aber nicht lange. In meinem Tageskalender steht unter dem 9. November: „Moritz frißt nicht mehr“. Und dann ging es rapide abwärts mit ihm. Der Tierarzt kam bei seinem Rundgang durch die Ställe auf meine Bitte auch zu mir, gab Moritz eine Spritze und sagte: „Es gfellt mir net“. Seine Diagnose: Urämie. Moritz verfiel zusehends. Struppig und mit trüben Augen saß er auf meiner Treppe. Ich holte meinen Foto und knipste ihn. (Später stellte sich heraus, daß sich der Film nicht gedreht hatte, kein Transport, kein Foto). Ich bettete ihn in meinen Schaukelstuhl und setzte mich den ganzen Sonntag neben ihn. Meist schlief er. Er schien nicht zu leiden. Ich legte mich dazwischen auch ein wenig hin. Als ich wieder aufstand, war Moritz verschwunden. Ich suchte ihn überall und fand ihn schließlich auf dem Boden meines Wäscheständers. Er schien sich mit letzter Kraft hinaufgeschwungen zu haben, der Deckel sank ein und Moritz fiel auf die Wäsche. Er ließ sich wieder herausheben, aber mir war klar, daß er ein Versteck zum Sterben suchte.

Es wurde Nacht. Ich legte mich angezogen auf die Couch. Moritz lag zugedeckt im Sessel. Er schien nicht bei Bewußtsein. Dann erwachte ich an einem Geräusch. Moritz war nicht mehr im Sessel, er war darunter gekrochen. Ich ließ ihn wo er war. Dann brach Wasser aus seinem Mäulchen. Moritz war tot.

Ute sagte mir später: „Du hast auch kein Glück mit Deinen Katzen“. Aber so ist es nicht. Ich hatte viel Glück - und eben auch viel Leid.

Miju zum Dritten - und Letzten

Nach Moritz' Tod war mein Haus wieder leer. Miju war mein freundlicher Gast, aber sie bemerkte sehr wohl, daß außer ihr keine Katze mehr da war. Da fing sie an, das Haus zu „besetzen". Ich fand sie im Krippenhaus, ehe die Hl.Familie eingezogen war, ich fand sie eines Tages hoch oben auf dem doppelstöckigen Kühlschrank. Ich fand sie in der alten Puppenküche, die im Hintergrund meiner Küche steht. Sie sagte eindeutig: „So, - jetzt gehört das Haus mir!"

Dann wurde sie krank. Ich stellte eines Tages fest, daß sie ein ganz einseitiges Gesicht bekam. Richtig, sie hatte einen „dicken Backen". Der Tierarzt machte wieder eine Abzweigung bei seinem Rundgang, kam und stellte fest, daß sie vermutlich einen Abszeß hatte. Sie bekam eine Spritze und er versprach, wiederzukommen. Miju fraß nichts mehr, sondern lag nur still auf einem Stuhl im Wohnzimmer. Ich bot ihr auf einem Tellerchen reine süße Sahne an, das schleckte sie dankbar. Ihr Bäckchen wurde immer dicker. „Wenn's nicht von selbst aufgeht, muß man schneiden", sagte der Tierarzt. Aber er wollte doch nochmal zuwarten. Als er weg war, hörte ich, wie Miju ihren Stuhl verließ und ins Clo rannte. Ich eilte ihr nach. Sie saß in einer Ecke und war völlig nass von Eiter und Blut. Der Abszeß war aufgebrochen. Sie bekam nochmal Antibiotika und schien nach einiger Zeit wieder gesund und munter zu sein. Aber ich beobachtete sie ängstlich und tastete sie auch immer wieder ab. Und nach einiger Zeit entdeckte ich an einer anderen Stelle ihres Körpers wieder eine Geschwulst. Diesmal warteten wir beide eine Zeitlang, und auch diese Geschwulst brach auf und verschwand. Es war nicht die letzte.

In größeren Abständen bekam Miju eine Beule, die, nachdem sie aufgebrochen war, wieder verschwand. Es war Gift in ihrem Körper und leider auch in ihrer Katzenseele. Sie regte sich furchtbar auf über meine neuen Hausbewohner Püppchen und Pepsi (s.dort).

Wenn man so menschlich von Katzen reden darf, so war es für sie eine schlimme Enttäuschung, daß sie wieder nicht meine Einzige war. Zwar waren die Beiden nicht immer anwesend, aber besonders Pepsi eroberte sich doch ihren Platz im Haus. So kam Miju eilfertig herbei, wenn ich mich zum Mittagschläfchen hinlegte, aber Pepsi war schneller. Sie hüpfte über Miju hinweg und schwupps auf meinen Bauch. Miju fauchte bitterböse, drehte wieder um und verzog sich auf den Heizkörper, um,

sobald es ging, das Haus zu verlassen. Und, obwohl jede Katze ihr eigenes Schüsselchen hatte, konnte sie es nicht ertragen, neben Pepsi zu fressen. Sie bekam ihren eigenen anderen Platz, aber mit einem Seitenhieb auf ihre Konkurrentin ging sie bald wieder.

War das Wetter gut, lag sie dösend draußen in der Sonne. G'lüstige Kater wurden angefaucht oder mit Geschrei und Ohrfeigen abgewehrt. Sie hatte eigentlich nichts mehr zu „tun" seit sie weder rollig wurde, noch Kinder bekam. Manchmal dachte ich, es sei ihr langweilig geworden. Dann blieb sie weg.

Ich suchte und rief sie, ich fragte den Nachbarn, diesmal hatte er sie nicht gesehen. Täglich rief ich mehrere Male ihren Namen. Dazwischen vergaß ich es auch einmal. Dann sah ich eines Tages im Garten, wie eine Katze versuchte, aus der gefüllten Gießkanne zu trinken. Ich kam näher und fragte: „Wer bist denn du?" Die Katze blickte auf, da erkannte ich Miju. Aber wie sah sie aus! Ihr schöner Kopf war völlig verwüstet durch Beulen, die teilweise aufgebrochen waren, ihre Augen blickten trüb, sie war abgemagert. Mir kamen die Tränen. Ich hob sie hoch, und sie ließ es sich gefallen und sich ins Haus tragen. Als ich sie absetzte, lief sie taumelnd ein paar Schritte und klagte leise, dann fiel sie zur Seite.
Ich brachte ihr Wasser. Sie trank es, dann verkroch sie sich in der Höhle des geflochtenen Katzenkorbs. Es war mir schmerzlich klar, was ich tun mußte. Ich rief den Tierarzt an und meldete Miju zum Einschläfern, um ihren Qualen ein Ende zu bereiten. Als er sie sah, sagte er: „Ja, da ist nichts mehr zu machen". Miju bekam zwei Spritzen, die erste, die sie einschläferte, sodaß sie die zweite, entscheidende, nicht mehr spürte. Dann trug ich meine tote Miju zum Auto und fuhr heim.

Sie ist zwischen drei Birken begraben, die im hinteren Teil meines großen Gartens stehen. Mit Miju hatte ich die längste und wohl auch tiefste Verbindung. Alle Katzen berührten mein Gefühl. Miju berührte mein Herz.

Pepsi und Püppchen, nebst Ringelnatz und Schwärzle

Wenn ich heute gefragt werde: „Wieviele Katzen haben Sie?", so sage ich: „Zwei, aber die dritte, ein Kater, hat m i c h adoptiert, und vor dem Haus sitzt noch mein schwarzer Asylbewerber, und wird auch gefüttert." Es ist immer dasselbe: Ich nehme so ein mageres Hofkätzchen auf den Arm, und schon bleibt es bei mir. Das mickrige, graumelierte Ding mit beigen Flecken verfolgte mich auf Schritt und Tritt, bekam schließlich den Namen „Pepsi" weil mich die Fellfarbe an Pepsi-Cola erinnerte, und bekam Hausrecht.

Anders ging es mit Püppchen.
Eines Tages saß ein dreifarbiges Kätzchen vor meiner Haustür. Kam man auf die Türe zu, lief es weg, um am nächsten Tag wieder dazusitzen. Es war ein ausgesprochen hübsches Ding mit viel weißem, flaumigem Fell, einer grauen Rückendecke und etlichen orangefarbenen Flekken, eine sogenannte „Glückskatze", aber scheu! Natürlich gab's etwas zu fressen, und nach einiger Zeit durfte ich es auch streicheln, aber nur ich. Jedem anderen Zugriff entzog es sich durch die Flucht.

Mit Pepsi zusammen kam Püppchen dann auch ins Haus und wurde schließlich heimisch, konnte aber nur mich als einzige Person um sich dulden. Kam jemand dazu oder ging die Türglocke, geriet das Kätzchen in Panik und floh langgestreckt zum nächsten Schlupfloch. Bis heute ist es so: Wenn Besucher im Haus sind, kommt Püppchen überhaupt nicht. Ich habe den Verdacht, daß sie irgendwo im Verborgenen sitzt und mein Haus im Visier hat. Kaum sind die Gäste weg, ist Püppchen wieder da. Sie hat einen runden Kopf, kleine Ohren und die schönsten grünen Katzenaugen.

Pepsi ist ganz anders. Voller Neugier kommt sie herbei, springt unerwartet den Leuten auf den Schoß, was schon manchen entsetzten Schreckensschrei zur Folge hatte,und läßt sich ohne weiteres streicheln und schöntun. Sie wuchs nur langsam, blieb zierlich und sieht trotz ihrer drei Jahre aus wie eine Jungkatze, mit kleinem Köpfchen, herziger Stupsnase und großen Ohren. Wir mussten eine üble Prozedur hinter uns bringen. Pepsi hatte Ohrmilben, die ich mit einem Mittel aus der Apotheke zu bekämpfen suchte. Es musste ins Ohr eingespritzt werden und schien sehr zu brennen. Ich hielt Pepsi am Genick und spritzte sie bei offener Haustüre. Pepsi sprang mir entsetzt aus der Hand, wenn ich losließ und entfloh kopfschüttelnd ins Weite. Das Mittel half nur kurz.

Da bekam ich einen freundschaftlichen Rat: Ein homöopathisches Mittel ins Fressen, einige Tage hintereinander. Die kleinen Perlchen in Leberwurst verpackt wurden gefressen,- und Pepsi war frei von der Belästigung in den Ohren und von meiner Hand.

Rechtzeitig ließ ich sie sterilisieren. Trotzdem hat es Pepsi immer wieder mit den Katern. Sie genießt es, auf dem Gesimse zu sitzen und von 3 Katern umlagert zu sein. Irgendwann schenkt sie einem davon ihre Gunst und läßt ihn heran. Einmal saß sie auf dem kräftigen Zweig meines Eibenbusches und der Kater auf ihr. Bei dem eifrigen Treiben des Katers fing der Zweig an zu wackeln, sich zu neigen und plötzlich purzelten beide herunter, was den Liebesakt empfindlich störte.

Pepsi kommt mal auf den Schoß, mal nicht. In selten Augenblicken versucht sie mich zu küssen, indem sie mich in die Nase zwickt. Sie hat aber gelernt, daß ich mich dann schnell zurückbeuge und ist jetzt etwas ratlos, wie sie ihrem gelegentlichen Liebesdrang Ausdruck verleihen soll. Abends will sie für die Nacht im Haus bleiben. Wenn ich versuche, sie dann hinauszusetzen, verkriecht sie sich in der Küche hinter dem Zeitungsständer und schaut mit großen Augen zu mir hoch. Meist werde ich weich.

Pepsi ist ein sehr empfindsames Kätzchen. Sie ist gern in meiner Nähe. Wenn ich längere Zeit am Schreibtisch sitze, kommt sie vom Unterstock herauf und legt sich auf den Heizkörper. Wenn ich traurig bin oder gar weine, setzt sie sich in meine Nähe und betrachtet mich aufmerksam.

Püppchen wurde trächtig. Ich hatte mich nicht getraut, sie in einen Katzenkorb zu stecken und sie fortzutragen. Aber es war mir angst vor der Nachkommenschaft. Was sollte ich tun mit den Kleinen? Ich fragte sogar im Frauenchor nach Interessenten, was große Heiterkeit auslöste, weil man üblicherweise die Kätzchen kommen und auch gehen lässt. Püppchen mit ihrem seidigen Fell wurde eine richtige Kugel. Dann blieb sie aus, und als sie wieder kam, war sie schlank und fraß fast ohne Aufhören. Aber wo waren die Kätzchen? Ich hätte nicht suchen sollen, sondern warten, bis Püppchen mit ihnen gekommen wäre. Schließlich entdeckte ich das Katzennest im Schuppen nebenan nur deshalb, weil Püppchen bei meinem Hereinkommen geräuschvoll floh. In einer tiefen Strohmulde lagen vier gefleckte Winzlinge. Ich beging den zweiten Fehler und nahm eines davon in die Hand. Am nächsten Tag waren keine Kätzchen mehr da und tauchten auch nie mehr auf. Püppchen kam wieder zum Fressen, blieb auch im Haus, sie schien nicht zu trauern, aber sie hatte keine Kinder mehr. Eine Katzenfreundin half mir dann, Püppchen zur Sterilisation zu bringen und ließ die Katze auch noch von der nächsten Katzenfreundin pflegen. Als Püppchen wieder gebracht wurde, hüpfte sie aus dem Korb, lief zur Wiese und schaute befriedigt um sich. „Die hat's gut", sagte die Katzenfreundin.

Püppchen ist meine zärtlichste Katze. Sie kommt auf meinen Schoß wenn ich fernsehe, und ich kann mein schmerzendes Handgelenk in ihrem Bauchfell vergraben. Wenn je Katzenfell geholfen haben sollte, so müsste es hier der Fall sein. Püppchen sagt nicht „Mijau", sondern ein kurzes „Mä", wenn sie etwas will. Sie ist ein richtiges „Gassenmädle". Zwar kommt sie regelmäßig zu ihren Essenszeiten, will aber tagsüber immer wieder hinaus. Erst am Abend gefällt es ihr bei mir. Sie schläft dann auf meinem Schoß oder auf der Couch oder spaziert in den Oberstock und legt sich auf mein Bett, läßt sich aber widerstandslos zur Tür tragen und verschwindet lautlos in der Nacht, nachdem sie sich versichert hat, daß kein böser Kater in der Nähe ist. Püppchen hat es überhaupt nicht mit den Katern, sie wehrt sich gegen sie mit lautem Geschrei und kommt öfters mit verkratzter Nase zurück. Morgens sitzt sie ab 6.30 Uhr vor meinem Küchenfenster, sagt kurz „Mä", wenn sie mich sieht und kommt dann eilig herein zum Frühstück. Zuerst wird sie aber an die Wange gedrückt und von mir begrüßt, und sie läßt es sich willig gefallen.

Da ist also noch **Ringelnatz**, der Kater, der mich adoptiert und sich Raum in meinem Haus geschaffen hat. Seine Fellringe haben mich angeregt, ihm diesen Dichternamen zu geben. Natürlich ist das kein Name, den jemand von der Nachbarschaft aussprechen würde. „Ringelnatz, was is a deß?" In der Zwischenzeit rufe ich ihn „Ringele", worauf er seinen Späherposten am Fensterplatz verläßt und zur offenen Haustüre rennt. Unsere Bekanntschaft begann damit, daß sich der junge Kater jedesmal auf den Rücken schmiss, wenn ich über den Hof ging. Ich musste seinen Bauch kraulen, und dann folgte er mir eilfertig nach. Auch er lagerte sich auf den Steinstufen vor meiner Tür. Dort hinterließ er seine Spuren, als bei ihm ein schrecklicher Durchfall begann. Es war furchtbar. Es lief einfach aus ihm heraus. Mit der Gießkanne flößte ich die Stufen wieder sauber. Am nächsten Tag war es dasselbe. Einmal blickte er in seinem Unglück so traurig zu mir auf, daß es mich tief rührte. Irgendwie gelang es dann aber nach einiger Zeit durch Umstellung von Kuhmilch auf Kondensmilch, den Durchfall zu stoppen. Ringelnatz gedieh und wurde ein sehr schöner getigerter Kater mit einem prächtigen dicken Kopf. Aber faul ist er! Mäusefangen? Er doch nicht! Aber fressen bei Frau Keyler! Zum Glück ist er nicht wählerisch, frisst auch die Reste, die Pepsi und Püppchen zurückgelassen haben, sofern er ihnen nicht überhaupt ihre Mahlzeit wegfrisst, was mich stets auf Beobachterposten sein läßt. Will er ins Haus, so schreit er draußen, kommt ans Fenster und blickt grimmig herein. Ist er drin und hat gefressen, macht er es sich im Schaukelstuhl bequem, wo er stundenlang schläft. Er ist die Katze, die am meisten mit mir „spricht". Wenn ich sein gefülltes Schüsselchen zu seinem Freßplatz trage, läuft er laut schwatzend neben mir her. Es klingt wie: „Mäc-mäc, mau, mäc-mäc, mau..." Schaue ich zu ihm in die Stube wenn er ruht und frage: „Wie geht's?",sagt er: „Mhm". Kommt er früh, begrüßt er mich ebenfalls, geht er, sagt er deutlich „Tschau". Zum Glück gibt er auch Laut, wenn er „muss", und zwar so laut, daß ich es auch im Oberstock höre. Sein Appetit ist riesig. Manchmal sage ich: „Jetzt langt's, fang a Mäusle!" Aber auf dem Ohr hört er schlecht.

Ich selbst spreche natürlich viel mit meinen Katzen. Den Ton meiner Stimme verstehen sie auf jeden Fall, aber es gibt auch einzelne Worte, die sie als solche verstehen. Da ist z.B. das Wörtchen „husch!". Das sage ich, wenn ich die Haustür aufmache oder auch das Fenster und will, daß die Katze hinausgeht. Zögert sie noch, so hilft „husch" zu einem schnellen Abgang. Mit leichtem Klopfen auf mein Bein und der Einladung „hops" kriege ich Pepsi oder Püppchen auf den Schoß, vor allem, wenn sie schon neben mir sitzen. Und das Wörtchen „nein" oder gar „nein, nein" mit entsprechendem Kopfschütteln, wird regelmäßig mit Bedauern zur Kenntnis genommen. Ringelnatz protestiert dagegen mit einem grantigen „mau".

Vom **Schwärzle** ist zu sagen, daß er sich ans Hausverbot hält, solange ich um den Weg bin. Steht die Haustür offen und ich bin grad nicht da, saust er hinein, aber wie ein geölter Blitz wieder heraus, wenn er mich kommen hört. Es rührt mich, wie er seinen schwarzen Katerkopf am Türpfosten reibt und dort stehen bleibt, bis ich ihm sein Schüssele bringe, dessen Inhalt er knackend verzehrt. Ist er fertig, geht er zu Nachbars und schaut, ob dort nicht auch etwas für ihn abfällt. So leben wir - meist in Frieden - zusammen. Die Türen in meinem Haus sind nie ganz geschlossen, sondern immer einen Katzenspalt offen. Es ist schön, etwas Lebendiges um sich zu haben. Ich habe viel erlebt und viel gelernt mit und von meinen Katzen. Meine anfängliche Ungeduld ist vorbei. Ich bin geduldig und sanft geworden, und es macht mir nichts aus, Erbrochenes aufzuwischen oder Kistle zu säubern. Die meisten „Geschäfte" werden von erwachsenen Katzen sowieso draußen verrichtet.

Mich entzückt immer wieder das Leise, das Katzen an sich haben, und es rührt mich, wie sie ihre ganze Nahrung einfach so mit dem Kopf aufnehmen, alles ohne „Hände“.

Es ist auch schön, erwartet zu werden. Wenn ich mit dem Auto in den Hof fahre, begrüßen mich manchmal drei Katzen und begleiten mich zur Haustüre. Natürlich gehört ihr Hauptinteresse dem Fressen, aber sie fühlen sich doch zuhause in meinem Haus - und bei mir.

Inhalt

Willi Glasbrenner

Schlitzöhrige Eisenbahner - Geschichten gesammelt und humorvoll erzählt von **Willi Glasbrenner**. Die Erlebnisse Crailsheimer Eisenbahner in ihrem Einsatzgebiet zwischen Stuttgart, Ulm, Heilbronn und Lauda mit lustigen Zeichnungen von **Siegfried Wagner**.

72 Seiten, DM 28.- ISBN 3-929233-09-6

Verlag Robert Baier Crailsheim

Das Jagsttal von Crailsheim bis Dörzbach von **Hans Mattern**
Das Buch lädt ein zu einer Wanderung der Jagst entlang von Crailsheim nach Dörzbach und in ihre Seitentäler. Das Jagsttal gehört noch immer zu den unberührtesten, reizvollen Gegenden Südwestdeutschlands.

208 Seiten mit vielen Fotos und Karten DM 34.- ISBN 3- 929233-08-8

Verlag Robert Baier Crailsheim

Heimatbuch Crailsheim

Aus der Erd- und Landschaftsgeschichte unserer Heimat
von Prof. Georg Wagner, Künzelsau/Stuttgart

Die Gesteine unserer Heimat und ihre Schicksale
Die Geschichte unserer Heimat und ihre Versteinerungen
Vom Werden unserer Landschaft
Quellen
Unsere heimische Landschaft

Von Klima und Witterung von G. Schaaf Kirchberg/Stuttgart

Die Pflanzenwelt von G. Schaaf Kirchberg/Stuttgart

Der Wald von Forstmeister Stochdorph, Crailsheim

Die Tierwelt von Wilhelm Fischer, Heidenheim/Brenz

Säugetiere
Vögel
Kriechtiere
Fische

Geschichte von Crailsheim von Dekan Lic. theol. Friedrich Hummel

I. Vorgeschichtliche Zeit: Steinzeit, Bronzezeit
II. Älteste Geschichte; Kelten, Römer, Alemannen, Franken, Wenden
III. Mittelalter: Die Belagerung von Crailsheim 1379/80, Städtekrieg u.a.
IV. Die neue Zeit: Reformation, Bauernkrieg, Dreißigjähriger Krieg u.a.
V. Stadt und Bezirk Crailsheim unter preußischer Herrschaft von 1791 bis 1806
VI. Bezirk und Stadt Crailsheim mit dem Ansbacher Land im Jahr 1806 an Frankreich, von Frankreich an Bayern abgetreten; bayrisch 1806–1810
VII. Crailsheim, Stadt und Bezirk, württembergisch 1810
VIII. Ein Bild von Crailsheim aus dem Jahr 1776. Rundschau und Rundgang mit geschichtlichen Erinnerungen.

Sitten und Gebräuche von Dekan Lic. theol. Friedrich Hummel
Steinkreuze von Dekan Lic. theol. Friedrich Hummel
Alte Tracht von Dekan Lic. theol. Friedrich Hummel
Etwas von der Mundart von Prof. Dr. Dietzel, Gmünd
Verkehrsverhältnisse von Oberlehrer Bay, Crailsheim
Wirtschaftliche Verhältnisse von Oberlehrer Bay, Crailsheim

Ortskunde des Bezirks von Johann Schumm, Bächlingen

Altenmünster, Ingersheim, Jagstheim, Onolzheim, Roßfeld, Triensbach, Tiefenbach, Gröningen, Satteldorf, Westgartshausen, Goldbach, Ellrichshausen, Mariäkappel, Leukershausen, Marklustenau, Der Tempelhof, Wildenstein, Lautenbach mit Bernhardsweiler, Unterdeufstetten, Matzenbach, Rechenberg, Weipertshofen, Stimpfach, Honhardt, Gründelhardt, Oberspeltach, Burgberg.

Heimatbuch Crailsheim

Eine überarbeitete **Neuauflage** mit Textergänzungen und einem neuen Kapitel „Schutz und Pflege der Crailsheimer Landschaft“ von **Hans Mattern** mit einem aktuellen Verzeichnis der Naturdenkmale, erscheint voraussichtlich im Herbst **1998**.

Fotobildband Crailsheim von **Siegfried Baier**, kommentiert von **Knut Siewert**, mit einem Text des aus Crailsheim stammenden Sachbuchautors **Gerhard Herm.**

Mitteilungen und Mutmaßungen über eine Stadt:
Was Crailsheim mit Konstantinopel und Berlin gemein hat
Was Frauen für Crailsheim bedeutet haben
Weshalb es schwer war, in Crailsheim Millionär zu werden
Was Crailsheim zu Preußen machte
Wie die Crailsheimer mit der großen Literatur in Berührung kamen
Wie die Crailsheimer zweisprachig wurden
Was es mit dem „Sieger von Crailsheim“ auf sich hat.

96 Seiten, DM 39,80 ISBN 3- 929233-05-3

Verlag Robert Baier Crailsheim